Shiatsu

Entspannung und Wohlbefinden durch japanische Heilmassage

Hinweis: Die im vorliegenden Buch beschriebenen Techniken und Anwendungen wurden von Fachleuten geprüft und für geeignet befunden. Alle Anleitungen richten sich an seelisch und körperlich gesunde Menschen. Wenn Sie sich in ärztlicher Behandlung befinden oder sich krank fühlen, klären Sie bitte mit Ihrem Arzt, ob das dargestellte Verfahren oder die gezeigten Techniken oder Anwendungen für Sie geeignet sind. Nicht jeder Mensch ist gleich. Treten bei einer oder mehreren Anwendungen Beschwerden oder Schmerzen auf, lassen Sie diese Anwendungen weg. Für eventuelle Nachteile oder Schäden, die im Zusammenhang mit der Verwendung der im Buch gegebenen Hinweise entstehen, können weder Autoren noch Verlag Haftung übernehmen.

Gesamtherstellung: Könemann Verlagsgesellschaft mbH
Herausgeber: KVM Dr. Kolster und Co. Produktions- und Verlags-GmbH, Marburg
Layout: LOGO
Fotos: Lutz Pape
Grafiken: Matthias Grabowski
Satz: Prinz & Partner
Lektorat: Dr. Sabine Klapp
Druck: Sing Cheong Printing Co., Ltd.

Printed in Hong Kong, China

ISBN 3-8290-0988-7

Shiatsu

Entspannung und Wohlbefinden durch japanische Heilmassage

Fernöstliche Heilmethode

Selbstheilungskräfte anregen
Entspannung und Gelassenheit
Anleitung Schritt für Schritt
Selbst- und Partnerbehandlung

KVM

Video-Inhaltsübersicht

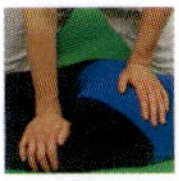

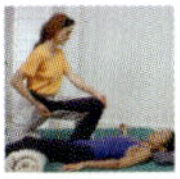

Anwendungen	Laufwerkzählung (in Minuten)
Vorbereitung	1:15
Lagerung	1:50
Sammeln	2:15
Ausgangsstellung	2:35
Drucktechniken	2:45
Handballendrucktechnik	3:05
Daumendrucktechnik	3:45
Fingerdrucktechnik – „Flügelputzen“	4:25
Tigermaulgriff	4:50
Ellenbogendrucktechnik	5:15
Dehntechniken	5:55
Dehnung der Oberschenkelrückseite	6:15
Dehnung des Arms	6:40
Massage	7:55
Der Blasen-Meridian	8:20
Rückenmassage	8:35
Techniken am Kreuzbein	11:05
Beinmassage	12:25
Schulter und seitliche Nackenmuskulatur	16:05
Bauchmassage	17:15
Armmassage	19:00
Handmassage	20:55
Nackenmassage	23:05
Kopfmassage	23:55
Gesichtsmassage	24:45
Abschluß der Massage	27:00
Anwendungen	27:35
Hara-Massage bei Erschöpfung	28:00
Selbstmassage bei Kopfschmerzen	30:00
Massage bei Menstruationsbeschwerden	32:20
Selbstmassage bei Menstruationsbeschwerden	38:15

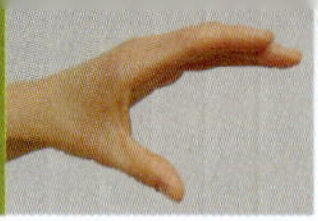

Inhaltsverzeichnis

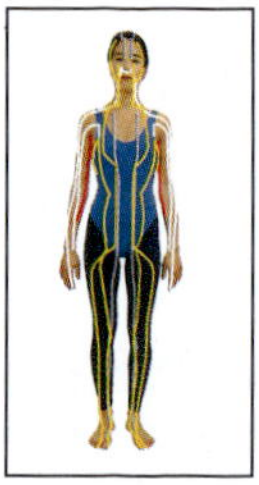

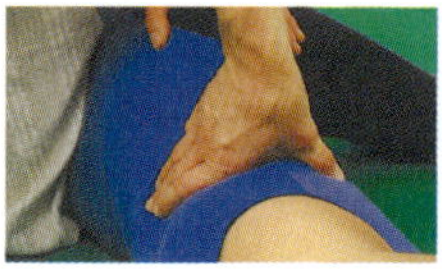

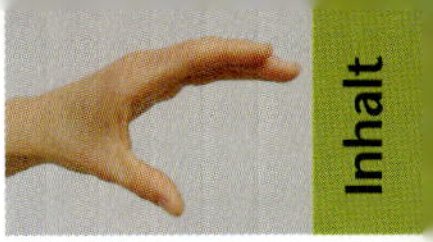
Inhalt

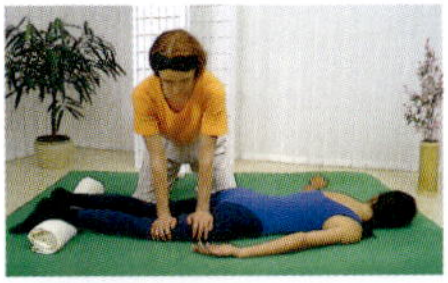

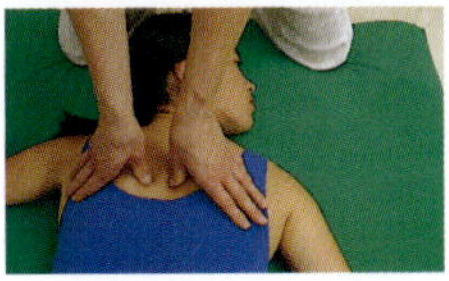

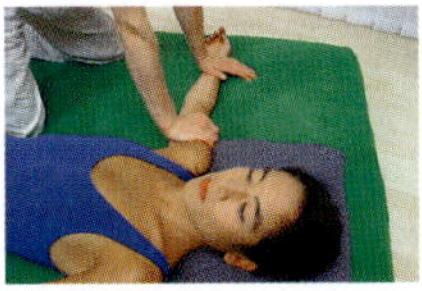

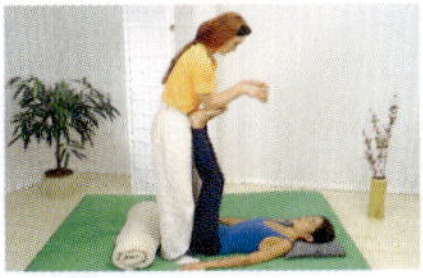

Vorwort

Faszinierende Welt des Shiatsu

Als ich vor einigen Jahren zum ersten Mal mit Shiatsu in Berührung kam, war ich schon nach kurzer Zeit fasziniert von dieser außergewöhnlichen Heilmethode. Um Shiatsu zu begreifen, muß man sich allerdings zuerst einmal den Unterschied zwischen fernöstlicher und westlicher Medizin vor Augen führen.
In unserer westlichen Welt ist die Medizin im wesentlichen symptombezogen, das heißt, Behandlungen richten sich meist auf einzelne erkrankte Körperteile. In der fernöstlichen Sichtweise wird der Mensch dagegen grundsätzlich als Ganzes betrachtet. Seine Gesundheit beruht nicht auf dem „Funktionieren" der Körperteile, sondern auf dem ungestörten Fluß und der harmonischen Verteilung der Lebensenergie im Organismus. Krankheiten entstehen in dieser Sichtweise in der Regel durch Ungleichgewichte in dieser Energieverteilung. Eine wichtige Grundlage der fernöstlichen Heilkunst ist daher das Erkennen und Behandeln von Energieungleichgewichten im Körper. Die Heilmittel, die hierzu angewendet werden, lassen sich in mehrere Gruppen einteilen: Massage, Akupressur, Akupunktur, Atemtherapie, Meditation, Ernährung und Therapie mit Medikamenten vorwiegend pflanzlicher Herkunft. Diese stellen einige wichtige Säulen dar, zu denen auch Shiatsu gehört.

Es ist klar, daß man bei einem so vielschichtigen Thema im Umfang eines Ratgebers nur an der Oberfläche kratzen kann. Dieser Beitrag soll daher als Einführung in Shiatsu dienen, sein Schwerpunkt liegt klar auf den praktischen Anwendungen. Shiatsu muß am eigenen Körper erfahren werden. Zu diesem Zweck habe ich einige Techniken ausgewählt und sie teilweise so abgewandelt, daß sie leicht

durchführbar sind. Mein Ziel war es, Shiatsu so aufzubereiten und anzubieten, daß man als Europäer ohne wesentliche Vorkenntnisse einen guten Einstieg finden kann.
Dieser Beitrag soll Sie dazu anleiten, einfache Shiatsu-Techniken anzuwenden und mit ihnen eine wohltuende Massage des gesamten Körpers durchzuführen. Buch und Video ergänzen sich dabei in hervorragender Weise, da Bewegungsabläufe nicht nur ausführlich erklärt, sondern auch im Film vorgeführt werden.
Der vorliegende Beitrag gibt eine persönliche und von meiner Sichtweise als Physiotherapeut und Arzt geprägte Einführung in die faszinierende Welt des Shiatsu. Ich hoffe, daß es mir gelingt, damit Ihre Neugier und Begeisterung für Shiatsu zu wecken.

Dr. med. Bernard C. Kolster

Wie Sie Buch und Video zusammen nutzen:
Buch und Video sind inhaltlich genau aufeinander abgestimmt. Sie können den größten Nutzen daraus ziehen, wenn Sie sie zusammen nutzen. Für ein grundsätzliches Verständnis und die Anwendung von Shiatsu sind bestimmte grundlegende Kenntnisse vonnöten. Diese können Sie, stark zusammengefaßt und vereinfacht, im ersten Abschnitt unter „Wissen“ nachlesen. Anschließend können Sie sich in Ruhe das Video anschauen. Dann haben Sie schon eine sehr gute bildliche Vorstellung von den Anwendungen, die im zweiten Abschnitt „Praxis“ erläutert werden. Wenn Sie beim Lesen des Praxisteils das Gefühl haben, Sie müßten sich einen etwas schwierigeren Griff noch einmal auf dem Video anschauen, helfen Ihnen die Kamerasymbole bei den einzelnen Abschnitten. Neben den Symbolen ist die fortlaufende Zeit des Videofilms in Minuten angegeben. Mit Hilfe Ihres Zählwerks am Videorecorder können Sie damit die entsprechende Videosequenz problemlos finden. Stellen Sie einfach beim Einlegen der an den Anfang gespulten Kassette den Zählerstand auf Null (Anzeige in Minuten), und spulen Sie die Kassette zu dem Stand, der neben dem Kamerasymbol angegeben ist.

Kamerasymbol

Wissen: Shiatsu – Heilmassage und fernöstliche Lebensphilosophie

Was ist Shiatsu?

Shiatsu ist eine aus dem Fernen Osten stammende Heilmassage. „Shi" bedeutet im Japanischen Finger und „atsu" Druck; frei übersetzt ist Shiatsu also „Druck mit dem Finger". Die Wurzeln von Shiatsu lassen sich bis in die Zeit des legendären Gelben Kaisers (ca. 2000 Jahre v. Chr.) nach China zurückverfolgen. Im „Huangdi Neijing", einer Zusammenfassung aller Erkenntnisse der chinesischen Heilkunst, wurden bestimmte Massageverfahren in Verbindung mit Atemübungen und Kräuterheilkunde beschrieben. Vor über

„Shi-atsu" stammt aus Japan und bedeutet „Fingerdruck"

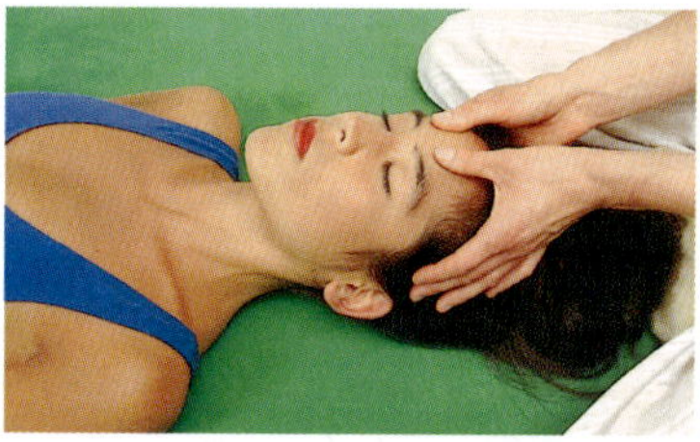

1000 Jahren brachten vermutlich buddhistische Mönche dieses Wissen nach Japan. Viele Griffe und Techniken wurden in Japan weiterentwickelt und den unterschiedlichen kulturellen Bedingungen angepaßt. Aber erst in der Mitte des 20. Jahrhunderts erfolgte in Japan die offizielle Anerkennung von Shiatsu als Heilmassage. Inzwischen entwickelten sich verschiedene Stilrichtungen mit unterschiedlichen Schwerpunkten. Ende der 70er Jahre gelangte die Kunde von dieser Heilmassage auch in den Westen, vornehmlich in die USA, nach Australien und Europa.

Philosophische und heilkundliche Grundlagen

Das Grundprinzip von Shiatsu lautet: „Behandle den ganzen Menschen". In diesem einfachen Prinzip steckt die Philosophie der sehr alten fernöstlichen Medizin: Der Kosmos

und alle Dinge und Geschöpfe darin werden als große Einheit betrachtet. Jedes Geschöpf ist wiederum ein kleiner „Kosmos“, also eine Einheit in sich, die als Ganzes zusammenwirkt und auch so betrachtet werden muß.
Um sich diese Lebensphilosophie zu veranschaulichen, vergleichen Sie den menschlichen Körper einmal mit einem mechanischen Uhrwerk. In einem Uhrwerk gibt es eine Vielzahl von großen und kleinen Zahnrädern und Hebelchen. Alle diese Bestandteile arbeiten zusammen, treiben den Sekunden-, Minuten- und Stundenzeiger voran. Die Energie, die dieses kleine Uhrwerk antreibt, liefert eine Feder, die Sie durch das Aufziehen anspannen. Wenn sich nun ein einziger Hebel oder ein einziges Zahnrad verkantet, bricht oder löst, so funktioniert das ganze System nicht mehr: Die Uhr steht still. Der Uhrmacher muß nun nachschauen, welches Teilchen für den Stillstand verantwortlich ist, um den Schaden reparieren zu können. Erst wenn alle Teile wieder gleichmäßig arbeiten, kann das Uhrwerk wieder laufen.

Der Körper gleicht einem komplizierten Uhrwerk

Übertragen Sie nun dieses Beispiel auf den Menschen. Wie bei dem Uhrwerk wirken alle Organe, alle Teile des Körpers zusammen. Wenn ein Organ versagt, z.B. das Herz, stirbt der Mensch, es sei denn, er bekommt Hilfe von außen. Die Uhr wird von der Energie angetrieben, die aus der aufgezogenen Feder stammt. Wenn diese Energie verbraucht ist, ist die Feder entspannt und die Uhr bleibt stehen. Die Energie, die den menschlichen Körper antreibt und am Leben erhält, ist die Lebensenergie. Im Japanischen nennt man diese Lebensenergie Ki, in China Chi und in Indien Prana.

Ki – die Lebensenergie

Aus Sicht der fernöstlichen Philosophie erhält jeder Mensch mit seiner Geburt eine bestimmte Menge an Lebensenergie. Im Vergleich mit dem Uhrwerk entspricht dies der gespannten Feder. Durch das Aufziehen erhält die Feder eine gewisse Spannung (oder Energie), die die Uhr antreibt. Wenn die Spannung verbraucht ist, kann die Uhr nicht mehr laufen. Wenn die Lebensenergie verbraucht ist, stirbt der Mensch.

„Ki“ erhält uns am Leben

Die Lebensenergie fließt durch den Körper

Die Quelle der Lebensenergie befindet sich im Unterbauch, dem sogenannten Hara. Der Unterbauch, Hara, spielt in diesem System eine sehr wichtige Rolle (siehe auch S. 17). Die Lebensenergie Ki fließt wie ein unsichtbarer Strom von dort aus durch unseren Körper. Wenn unser ganzer Organismus gleichmäßig von der Lebensenergie durchdrungen ist, erfreuen wir uns bester Gesundheit. Dem ist aber in der Regel nicht so: Ki ist häufig nicht gleich verteilt. An bestimmten Körperstellen kann zuviel und an anderen zuwenig Energie vorhanden sein. Das dadurch entstandene Ungleichgewicht kann zu einer Erkrankung führen. Die meisten Menschen sind „halbgesund", ihre Lebensenergie ist nicht gleich verteilt. Shiatsu, richtig angewendet, führt zu einer gleichmäßigeren Energieverteilung und so zu einem verbesserten Wohlbefinden.

Meridiane

Wie das Wasser in einem Flußbett, so fließt die Lebensenergie in unsichtbaren Bahnen oder „Kanälen" durch unseren Körper. In der traditionellen fernöstlichen Medizin heißen diese Kanäle Meridiane. Die Meridiane sind ein fundamentaler Bestandteil der fernöstlichen Heilkunde. Sie sind nicht sicht- oder spürbar, wurden aber von chinesischen Heilkundigen bereits vor über 4000 Jahren beschrieben. Die moderne Wissenschaft findet immer mehr Hinweise für die tatsächliche Existenz dieser Energiebahnen. Beispielsweise ist der Hautwiderstand an bestimmten Punkten auf den Meridianen verändert.

Die Meridiane der Körpervorderseite, Körperrückseite und Körperseite

Auf jeder Körperhälfte befinden sich symmetrisch angeordnet zwölf Meridiane. Zwei weitere Meridiane („außerordentliche Gefäße“) verlaufen genau auf der senkrechten Mittellinie des Körpers; einer auf der Körpervorderseite und der andere auf dem Rücken. Jeder Meridian ist einem Körperbereich bzw. -organ zugeordnet. Die Meridiane werden im Tagesablauf nacheinander von der Lebensenergie Ki durchflossen.

Jeder Meridian ist einem Organ zugeordnet

Die Meridiane im einzelnen

Jeder Meridian hat bestimmte Aufgaben im Körper. Die gängigen Abkürzungen für die einzelnen Meridiane sind jeweils in Klammern angegeben.

- Der Lungen-Meridian (Lu) sorgt für die Aufnahme der universell vorhandenen Lebensenergie Ki aus der Luft und für ihre Umwandlung in menschliche Lebensenergie. Er besorgt und überwacht deren Verteilung im Körper.
- Der Dickdarm-Meridian (Di) regelt die Aufnahme von Wasser aus der Nahrung und die Ausscheidung von Abfallstoffen aus dem Körper. Er steht in einer wechselseitigen Beziehung zum Lungen-Meridian.
- Der Milz-Pankreas-Meridian (Mi) spielt eine wichtige Rolle bei der Verdauung. Er sorgt für die Umwandlung der Nahrungsenergie in körpereigene Lebensenergie Ki.
- Der Magen-Meridian (Ma) leitet die Verdauung der Nahrung ein und entzieht dieser Energie, die an Milz und Dünndarm weitergeleitet wird.
- Der Herz-Meridian (He) reguliert den Blutkreislauf.
- Der Dünndarm-Meridian (Dü) ist für die Weiterleitung der vom Magen kommenden Nährstoffe zuständig. Im Dünndarm werden Nährstoffe und Flüssigkeit entzogen. Letztere wird zur Niere weitergeleitet. Der eingedickte Speisebrei gelangt in den Dickdarm.
- Der Nieren-Meridian (Ni) hat neben der Regulation der Ausscheidung von Giftstoffen die Aufgabe, die Lebensenergie Ki zu speichern und damit alle Organe zu versorgen.
- Der Blasen-Meridian (Bl) reguliert die Speicherung und Ausscheidung von Abfallstoffen.

- Der Perikard-Kreislauf-Meridian (Pe) unterstützt die Herzfunktion und den Kreislauf.
- Der Dreifacher-Erwärmer-Meridian (DE) verbindet die drei Energiezentren und verteilt die Energie im Körper.
- Der Leber-Meridian (Le) reguliert die Speicherung von Energie und Nährstoffen in der Leber und sorgt für den Abbau giftiger Stoffe.
- Der Gallenblasen-Meridian (Gb) reguliert die Speicherung und Abgabe der in der Leber gebildeten Gallenflüssigkeit und steht in wechselseitiger Verbindung mit dem Leber-Meridian.
- Über die beiden Meridiane Gouverneurgefäß (Gg) und Konzeptionsgefäß (Kg) lassen sich andere Meridiane beeinflussen. Das Gouverneurgefäß kontrolliert die Meridiane auf der Körperrückseite, das Konzeptionsgefäß die Meridiane der Körpervorderseite.

Jitsu und Kyo

Ungleichgewichte in der Energieverteilung

Unser Körper befindet sich in einem Idealzustand, wenn die Lebensenergie Ki gleichmäßig und ungehindert durch alle Meridiane fließt; man könnte auch sagen, wenn ein harmonisches Gleichgewicht aller Kräfte herrscht. Das Prinzip von Shiatsu besteht darin, Ungleichgewichte in der Energieverteilung herauszufinden und mit entsprechenden Techniken auszugleichen.

Ein Zuviel an Energie nennt man Jitsu, ein Zuwenig Kyo. Jitsu und Kyo werden durch den Zustand des Körpers im Verlauf der Meridiane beurteilt. Jitsu hat die Qualitäten Straffheit, Fülle und Aktivität und Kyo im Gegensatz dazu Schwäche, Leere und Inaktivität. Besonders gut lassen sich Jitsu und Kyo an bestimmten Punkten im Meridianverlauf, den Tsubos, feststellen (siehe S. 11).

Jitsu = Energieüberschuß (Qualitäten: Straffheit, Fülle, Aktivität)

Kyo = Energiemangel (Qualitäten: Schwäche, Leere, Inaktivität)

Um den Energiefluß auszugleichen, muß bei Jitsu-Zuständen Energie ab- und bei Kyo-Zuständen Energie zugeführt werden. Das Feststellen der Energiezustände und die entsprechende zielgerichtete Behandlung stellen allerdings schon die Hohe Schule von Shiatsu dar. Um dies zu erlernen, bedürfen Sie der Anleitung eines erfahrenen Shiatsu-Lehrers. Das Lernen wird Ihnen aber wesentlich leichter fallen, wenn Sie die hier gezeigten Techniken und Grundkenntnisse sicher beherrschen.

Die Hohe Schule von Shiatsu

Tsubos

Tsubos sind Punkte, an denen die Lebensenergie Ki an die Körperoberfläche tritt. Unterschiedliche fernöstliche Heilmethoden wie Akupressur, Akupunktur und eben auch Shiatsu nutzen die Tsubos, um heilend auf den Energiefluß im Körper einzuwirken. Sie sind bei uns auch unter der Bezeichnung Akupunkturpunkte bekannt. Die meisten Tsubos liegen auf den Meridianen und werden nach diesen benannt. Um sie eindeutig zu kennzeichnen, werden sie noch zusätzlich numeriert. So erklären sich ihre Namen: „Blase 10" z.B. steht für Punkt Nr. 10 auf dem Blasen-Meridian.
Wenn Sie Tsubos bei Ihrem Partner oder Ihrer Partnerin ertasten, die überempfindlich oder sogar schmerzhaft sind, dann liegt eine Störung des Energieflusses vor. Diese empfindlichen Punkte werden dann mit unterschiedlichen Techniken massiert, z.B. durch Drücken der Tsubos mit Daumen- oder Fingerkuppen. Wenn Sie einen empfindlichen Tsubo mit der Daumenkuppe getroffen haben, dann bekommen Sie schnell eine entsprechende Rückmeldung von der Person, die Sie massieren. Der Druck wird als schmerzhaft, aber nicht unbedingt als unangenehm empfunden. Häufig beschreibt der oder die Shiatsu-Empfangende, daß sich die Empfindung ausbreite oder ausstrahle. Läßt man sich die Ausstrahlungsrichtungen hin-

Der Tsubo wird dargestellt als Gefäß mit Deckel

terher zeigen, so entsprechen diese häufig dem Verlauf des Meridians, dem der gedrückte Tsubo zugeordnet ist.

Yin und Yang

Die zwei gegensätzlichen Kräfte des Universums

In der fernöstlichen Philosophie werden zwei gegensätzliche Kräfte unterschieden, die dem Leben zugrundeliegen und es ermöglichen: Yin und Yang. Vereinfacht ausgedrückt ist Yang die erzeugende und Yin die erhaltende Kraft. Stellen Sie sich zur Veranschaulichung noch einmal das Uhrwerk vor. Der Sekundenzeiger springt Sekunde um Sekunde ein Stück vor. Angetrieben wird er von der Feder, deren Spannung der Lebensenergie Ki entspricht. Das Bewegen, das Vorspringen entspricht der Yang-Phase, die kurze Pause vor dem nächsten Sprung entspricht der Yin-Phase. Beide Phasen sind nötig, um den Zeiger voranzutreiben.

Betrachten Sie nun das Herz: Jeder Herzschlag versorgt Ihren Körper durch das Blut mit lebenswichtiger Energie. Wie das Ticken der mechanischen Uhr verläuft der Herzschlag in zwei Phasen: Zuerst dehnt sich das Herz und füllt sich mit Blut (Yin-Phase), dann zieht es sich sehr schnell zusammen und pumpt mit diesem Zusammenziehen das Blut in den Körper (Yang-Phase). Danach entspannt sich der Herzmuskel wieder und nimmt erneut Blut auf (Yin-Phase) und so weiter.

Yin und Yang werden durch zwei ineinander geschlungene Formen symbolisiert, die zusammen einen Kreis bilden. In

Das Symbol für Yin und Yang

dem Kreis geht das eine aus dem anderen hervor. Nimmt das eine ab, so wächst das andere. Aber in diesem Symbol wird noch ein weiteres Grundprinzip erkennbar: In der schwarzen Fläche ist ein kleiner weißer Kreis und umgekehrt. Dies bedeutet, daß das eine auch im anderen ist. Yang ist ein Bestandteil von Yin und umgekehrt.

Yin und Yang stellen aber auch sich ergänzende Gegensatzpaare dar. Yin verkörpert das Erzeugende, Weibliche, Bodenständige, während Yang der Fortbewegung, der Tat und

der Dynamik entspricht. Die Gegensatzpaare von Yin und Yang sind wiederum als Teilaspekt eines Ganzen zu sehen. Das Prinzip von Yin und Yang zieht sich so durch die gesamte Natur. Zur Verdeutlichung zeigt die Tabelle einige Gegensatzpaare.

Yin	Yang
Frau	Mann
Nacht	Tag
Schlaf	Wachsein
Materie	Geist
Statik	Dynamik
Passivität	Aktivität

Yin und Yang wirken auch im Körper

Dies sind nur einige Aspekte, die jedoch schon näher beschreiben, was Yin und Yang bedeuten. Natürlich läßt sich das Prinzip von Yin und Yang auch auf den Körper übertragen. Genau wie die Yin- und Yang-Zyklen des Herzschlags umfassen Yin und Yang auch die Atmung und alle anderen körperlichen Prozesse. Die Einatmung ist aktiv, kraftvoll, dynamisch, also Yang; die Ausatmung ist passiv, langsam und somit Yin. Die Vorderseite des Körpers entspricht Yin und die Rückseite Yang. Die Meridiane auf dem Rücken sind Yang und die Meridiane der Körpervorderseite Yin. Auf diese Weise werden auch die Meridiane, die Energiebahnen, in das Prinzip von Ying und Yang einbezogen. Dieses Polaritätenprinzip fließt dementsprechend auch in die fernöstliche Heilkunst ein. Mehr noch: Der Zusammenhang von Yin und Yang ist der Zugang für das Verständnis der Vorgänge im Körper und somit der Schlüssel zu einer ganzheitlichen Behandlung.

Meridianpaare

Die Meridiane der sogenannten Hohlorgane (Magen, Dünndarm, Gallenblase, Dickdarm, Blase) werden Yang zugeordnet. Die Meridiane der Speicherorgane (Nieren, Leber, Milz/Pankreas, Lunge, Herz) entsprechen Yin. Je ein Yang- und ein Yin-Meridian bilden gemeinsam eine Einheit:

- Milz-Pankreas-Meridian und Magen-Meridian
- Herz-Meridian und Dünndarm-Meridian
- Leber-Meridian und Gallenblasen-Meridian
- Lungen-Meridian und Dickdarm-Meridian
- Nieren-Meridian und Blasen-Meridian

Es entstehen somit fünf wichtige Paarungen, die ihre Entsprechung im System der *Fünf Elemente* finden.

Die Fünf-Elemente-Lehre

Kreislauf und Wandlungsphasen

Die Fünf-Elemente-Lehre beschreibt den Kreislauf aller Dinge im Kosmos. Die chinesische Philosophie geht davon aus, daß alles, was geschieht – im großen wie auch im kleinen – sich in den Kreislauf der fünf Elemente einordnen läßt. Die einzelnen Elemente oder Stufen werden als *Wandlungsphasen* bezeichnet; jeder Wandlungsphase ist ein bestimmtes Element zugeordnet.

Der Kreislauf der fünf Elemente

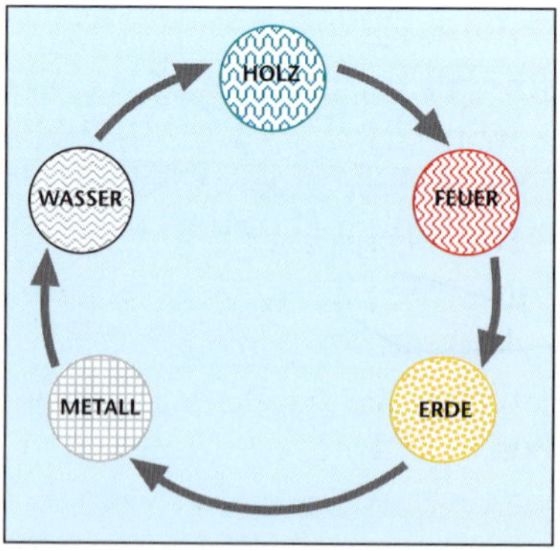

Im Kreislauf geht das eine Element aus dem anderen hervor. Überträgt man das Modell z.B. auf die Jahreszeiten, so entspricht das Element Holz dem Frühling. Das Feuer, verbunden mit großer Hitze, steht für den Sommer. Aus der Glut des Feuers geht wiederum das Element Erde hervor. Dieses Element entspricht dem Spätsommer. Der Herbst, die Erntezeit, entspricht dem Ele-

ment Metall. Der Winter, die Zeit der Ruhe, in der man von Vorräten zehrt, ist mit dem Element Wasser verknüpft. Wasser ist auch die Voraussetzung dafür, daß wieder neues Leben entstehen kann. So entsteht aus einem Element das andere.

Der Kreislauf der Wandlungsphasen läßt sich auch auf den Menschen und seine Beziehungen zur Umwelt übertragen. Das folgende Beispiel verdeutlicht dies: Nehmen Sie einmal an, Sie würden sich mit dem Gedanken befassen, ein Geschäft für Modebekleidung zur eröffnen. Am Anfang stehen Planung und Organisation: Sie müssen eine Bank überzeugen, das nötige Geld zur Verfügung zu stellen, Geschäftsräume anmieten und sich Gedanken um Art und Umfang der Waren machen, die Sie anbieten möchten. Alle diese Ideen und Planungen sind Grundvoraussetzungen für Ihr Ziel, aber es ist noch keine konkrete Materie vorhanden. Dieser Zustand läßt sich dem Element Feuer zuordnen. Im nächsten Schritt haben Sie die nötigen finanziellen Mittel, entsprechende Räume und Waren. Es ist eine Substanz da, mit der sich arbeiten und etwas erwirtschaften läßt. Diese Substanz symbolisiert das Element Erde. Nun eröffnen Sie Ihr Geschäft, Menschen strömen herein, bewundern und kaufen Ihre Waren; das Geld klingelt in der Kasse. Dies entspricht dem Element Metall. Dann beginnt die Geschäftsroutine mit dem täglichen Öffnen und Schließen des Geschäfts und der Warenbeschaffung. Sie benötigen Ausdauer, Kraft und Flexibilität. Dieser Zustand läßt sich dem Element Wasser zuordnen. Da Sie sehr fleißig sind, erzeugt Ihr Unternehmen endlich einen Gewinn, der die Grundlage für die Ausdehnung Ihrer Geschäfte sein könnte. Dieses Stadium entspricht dem Element Holz. Damit schließt sich der Kreislauf. Möglicherweise haben Sie jetzt neue Ideen und leiten damit den nächsten Zyklus ein.

Die fünf Elemente finden sich in allen Tätigkeiten

Ein Kreislauf folgt dem anderen

Wie im Beispiel veranschaulicht, kann das Modell der Wandlungsphasen auf alle Bereiche des Lebens und auf alle Dinge und Lebewesen übertragen werden.

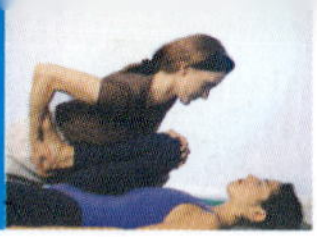

Kontrollsequenz

Neben dem Kreislauf der Wandlungsphasen, in dem ein Element aus dem anderen hervorgeht, gibt es noch eine andere Wechselbeziehung im System der fünf Elemente: die *Kontrollsequenz.*

Die Elemente kontrollieren sich gegenseitig

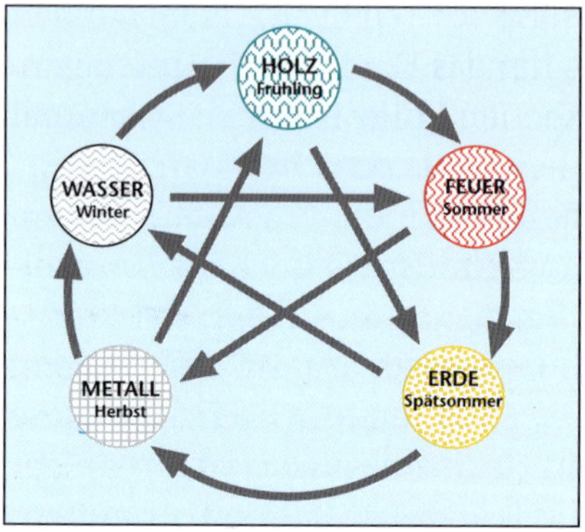

Die Kontrollsequenz gründet auf der Vorstellung, daß die Elemente im Kreislauf sich gegenseitig kontrollieren und beeinflussen. Hierbei kontrolliert Wasser das Feuer, Feuer wiederum Metall, Metall Holz, Holz Erde und Erde Wasser. Da jedem Element ein bestimmtes der oben beschriebenen Meridianpaare (siehe S. 14) zugeordnet ist, lassen diese sich auch in den Kontrollzyklus aufnehmen.

Zuordnung der Meridian-Paare im System der fünf Elemente:

Meridianpaar	**Element**
Leber – Gallenblase	Holz
Herz – Dünndarm	Feuer
Milz/Pankreas – Magen	Erde
Lunge – Dickdarm	Metall
Niere – Blase	Wasser

Ziel und Sinn von Shiatsu ist es, sowohl den Shiatsu-Empfangenden als auch sich selbst als Behandelnden in Einklang mit diesem umfassenden und hier nur andeutungsweise beschriebenen System der universellen Ordnung zu bringen. Betrachten Sie also Shiatsu als eine Mischung aus Heilkunde und Philosophie.

Das Hara

Mittelpunkt des Körpers und Quelle der Lebensenergie

„Hara“ bedeutet frei übersetzt „Unterbauch“. Neben dieser reinen Lagebeschreibung hat das Hara jedoch eine tiefere Bedeutung: In der fernöstlichen Philosophie versteht man darunter die Mitte des Lebens. Alle östlichen Kampfsportarten, aber auch Künste wie Tanzen, Malen, Musizieren und natürlich auch Shiatsu kommen „aus dem Bauch“, aus dem Hara. Es ist der Sitz des physischen Gleichgewichts, der emotionalen und spirituellen Energie, der Lebensenergie. Auch aus physikalischer Sicht, d.h. von der Gewichtsverteilung her, bildet der Bereich zwischen dem Bauchnabel und dem Schambein den Schwerpunkt des Körpers. Je tiefer dieser Schwerpunkt liegt, um so größer sind Stabilität und Gleichgewicht des Körpers. Umgekehrt gilt, je höher er liegt, desto labiler und unsicherer ist das Gleichgewicht.

Das Hara ist die Mitte des Lebens

Die Lebenskraft Ki konzentriert sich in einem kleinen Punkt, etwa drei Finger breit unterhalb des Nabels. Dieser Punkt wird Tanden genannt. Von hier kommt die Lebenskraft und hierher fließt sie auch zurück.

Bewegung, die aus dem Bauch kommt

Bevor Sie mit einer Shiatsu-Sitzung beginnen, konzentrieren Sie sich auf Ihr Hara. Sich auf das Hara zu konzentrieren bedeutet, im inneren Gleichgewicht zu sein, verwurzelt in sich zu ruhen. Wenn Sie Shiatsu richtig ausführen, kommen alle Bewegungen aus dem Hara; dazu muß Ihr Hara „offen“ sein. Die folgende Übung dient dazu, sich Ihres Haras bewußt zu werden und es zu öffnen.

Im inneren Gleichgewicht sein

Wahrnehmungsübung: Erspüren Sie Ihr Hara

Setzen Sie sich aufrecht hin. Sie können auf einem Stuhl oder auf dem Boden im Fersensitz (siehe S. 26) sitzen. Legen Sie Ihre Hände ineinander und mit den offenen Handflächen nach oben in den Schoß. So bilden Ihre Arme einen Kreis, in dem die Energie ungestört um Ihr Hara fließen kann.

Mit dem Bauch atmen

Richten Sie nun zunächst Ihre ganze Aufmerksamkeit auf Ihre Atmung. Versuchen Sie, die Atmung mit jedem Atemzug tiefer in Ihren Bauch wandern zu lassen, bis Sie nur noch mit dem Bauch atmen. Zur Erleichterung der Bauchatmung können Sie auch Ihre Hände auf den Unterbauch legen. Atmen Sie nun „in die Hände hinein". Sie spüren, wie sich Ihr Bauch hebt und senkt.

Stellen Sie sich nun vor, Sie atmen in Ihr Tanden ein und aus. Das Tanden ist Ihr Schwer- und Mittelpunkt, der Sitz Ihrer Lebensenergie. Richten Sie Ihr Bewußtsein und Ihre gesamte geistige Energie auf diesen Punkt. Spüren Sie, wie sich die Energie mit jedem Atemzug darin verdichtet. Von Ihrem Tanden aus wird das gesamte Hara schwer und warm.

Aus dem Hara strömen Wärme und Licht

Stellen Sie sich vor, wie sich das Hara öffnet und Energie aus ihm in den Körper fließt. Wie eine Blüte sich langsam entfaltet, öffnet sich Ihr Hara und aus ihm strömt warmes Licht, das sich im gesamten Körper ausbreitet. Spüren Sie die Ausdehnung der Wärme in Ihrem Körper, und erfühlen Sie Ihr Hara als Quelle dieser Energie.

Wenn Ihre Gedanken abschweifen, setzen Sie sich nicht unter Druck, die Übung unbedingt fortsetzen zu müssen. Versuchen Sie in aller Ruhe, Ihre Gedanken zu der Übung zurückzuführen. Gelingt Ihnen dies nicht, wiederholen Sie sie einfach zu einem späteren Zeitpunkt.

Führen Sie diese Übung möglichst regelmäßig – im besten Falle jeden Tag – durch. Das Gefühl für Ihr Hara wird sich dadurch vertiefen, und das Arbeiten aus dem Hara wird Ihnen leichter fallen.

Die Hände

Mehr als einfache Druckmittel

Ebenso wie das Arbeiten aus dem Hara sind die Hände bei der Shiatsu-Behandlung von besonderer Bedeutung. Ihre Hände sollten warm und geschmeidig sein. Die Fingernägel dürfen die Fingerkuppen nicht überragen, damit Sie Ihren Partner oder Ihre Partnerin nicht verletzen. Legen Sie beim Shiatsu Schmuckstücke wie Ringe oder Armbänder und Uhren ab.

Kräftigen, lockern und aufwärmen

Die Handmuskeln kräftigen

Mit einigen einfachen Übungen können Sie die Muskeln Ihrer Hände kräftigen, dehnen und lockern, um sie auf die Behandlung vorzubereiten. Zur Kräftigung nehmen Sie einen kleinen Gummiball, den Sie gut mit der Hand umschließen können. Drücken Sie den Ball zusammen, halten Sie die Spannung sieben bis zehn Sekunden, und lösen Sie dann die Anspannung. Führen Sie zehn Wiederholungen durch und wechseln Sie dann zur anderen Hand.
Zur Dehnung der Muskeln der Handinnenfläche legen Sie beide Handflächen in Brusthöhe zusammen. Die Ellenbogen zeigen nach außen. Führen Sie die zusammengelegten Hände etwas nach unten, ohne die Handflächen dabei voneinander zu lösen. Sie verspüren ein leichtes Ziehen in den Unterarmmuskeln. Halten Sie die Spannung zwanzig bis dreißig Sekunden, und wiederholen Sie die Übung dreimal.

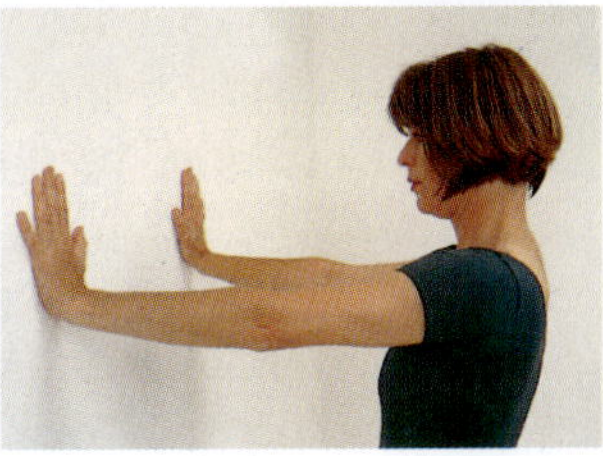

Die Hand- und Unterarmmuskeln dehnen

Dehnen Sie nun die Beugemuskeln Ihrer Hände und Unterarme. Legen Sie dazu Ihre Handflächen in Schulterhöhe und schulterbreit auseinander an eine Wand. Die Finger sind gestreckt und gespreizt, die El-

lenbogen gestreckt. Drücken Sie nun die Handgelenke an die Wand. Achten Sie bitte bei dieser Übung darauf, daß Sie die Schultern nicht hochziehen, sondern sie locker hängenlassen.
Sie können die Dehnung verstärken, indem Sie Finger und Handteller etwas abheben, die Handgelenke bleiben jedoch an der Wand. Bei der Dehnung sollten Sie ein deutliches, aber nicht schmerzhaftes Dehnungsziehen spüren. Halten Sie die Anspannung zwanzig bis dreißig Sekunden, bevor Sie sie lösen. Wiederholen Sie diese Übung insgesamt dreimal.

Die Energie der Hände

Um die Empfindsamkeit Ihrer Hände zu fördern, können Sie im Anschluß an die Lockerung und Aufwärmung der Handmuskulatur die folgende einfache, aber beeindruckende Wahrnehmungsübung durchführen.

Die Energie der Hände spüren

Wahrnehmungsübung: Die Energie der Hände spüren
Schließen Sie die Augen und atmen Sie ruhig und gleichmäßig ein und aus. Lassen Sie die Schultern während dieser Übung locker seitlich hängen. Halten Sie nun Ihre Hände so vor dem Körper, daß die Handflächen zueinander zeigen, sich aber nicht berühren. Lenken Sie Ihre Aufmerksamkeit auf die beiden Handflächen. Versuchen Sie, die Wärme, die von jeder Handfläche ausgeht, mit der jeweils anderen Hand zu erspüren. Nun stellen Sie sich vor, dieses Wärmegefühl sei ein Energiestrom zwischen Ihren Händen. Wenn Sie den Energiestrom wahrnehmen, fangen Sie an, mit ihm zu spielen: Führen Sie mit Ihren Händen ganz kleine, langsam kreisende Bewegungen in gegensätzliche Richtungen durch. Erweitern Sie dabei auch den Abstand zwischen Ihren Händen, jedoch nur soweit, wie Sie den Energie- und Wärmestrom noch wahrnehmen. Sie können sich jetzt leicht vorstellen, daß Sie genau dieses energetische Gefühl bei der folgenden Shiatsu-Massage auf Ihren Partner oder Ihre Partnerin übertragen.

Wenn Sie diese Übung zum ersten Mal durchführen, fällt es Ihnen möglicherweise zunächst schwer, den Wärmefluß wahrzunehmen. Denken Sie daran, daß die Hände dafür warm sein müssen. Je häufiger Sie die Wahrnehmungsübung durchführen, desto intensiver und feiner wird Ihre Empfindungsfähigkeit.

Wann sollte Shiatsu nicht angewendet werden?

Bei folgenden allgemeinen Einschränkungen des Empfängers oder der Empfängerin sollte Shiatsu von Ihnen nicht angewendet werden:

- zuvor eingenommene schwere Mahlzeit,
- Fieber,
- starker Bluthochdruck,
- erstes Drittel einer Schwangerschaft.

Körperbereiche mit lokalen Beschwerden, wie z.B. nicht verheilte (Operations-)Wunden und Entzündungen, Krampfadern und rheumatische Beschwerden, sollten bei der Behandlung ausgespart werden.

Nur von erfahrenen Therapeuten behandelt werden sollten Menschen mit ernsthaften Gesundheitsstörungen wie Herzschwäche oder Krebserkrankungen, mit Osteoporose oder Epilepsie. Bei Schwangerschaften gelten für viele Meridianpunkte Einschränkungen bzw. ein Behandlungsverbot (bitte beachten Sie hier auch die Hinweise im Text), so daß auch hier die Behandlung durch einen erfahrenen Therapeuten zu empfehlen ist.

Vorsicht während der Schwangerschaft

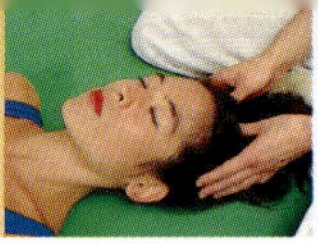

Praxis: Shiatsu – geben und nehmen

Die Grundlagen, die Ihnen in diesem Buch-Video-Beitrag vermittelt werden, lassen sich keiner bestimmten Shiatsu-Schule zuordnen. Es wurden bewußt solche Techniken und Griffe ausgewählt, die einen sicheren Einstieg sowie entsprechende Erfolgserlebnisse gewährleisten.

Wie Sie Buch und Video zusammen nutzen:
Wenn Sie sich bereits in die Grundlagen im Abschnitt „Wissen" eingelesen und das Video angeschaut haben, haben Sie schon eine sehr gute bildliche Vorstellung von den Griffen und Massagen, die hier im Abschnitt „Praxis" vorgestellt werden. Beim weiteren Lesen können Sie problemlos solche Griffe, die Sie als schwierig empfinden, noch einmal auf dem Video anschauen. Die Kamerasymbole bei den einzelnen Techniken helfen Ihnen, die entsprechende Videosequenz mit Hilfe Ihres Zählwerks im Videorecorder leicht zu finden. Stellen Sie dazu einfach beim Einlegen der zurückgespulten Kassette den Zählerstand auf Null (Anzeige in Minuten), und spulen Sie die Kassette zu dem Stand, der neben dem Kamerasymbol angegeben ist.

Grundtechniken und erste Massagen ausprobieren

Im praktischen Teil lernen Sie zunächst die grundlegenden Techniken von Shiatsu kennen. Dies sind einfache Massagegriffe, die leicht erlernbar und vielseitig anwendbar sind. Wenn Sie sich mit den Grundtechniken vertraut gemacht haben, können Sie nach der Anleitung in den darauffolgenden Kapiteln die ersten Massagen ausprobieren. Beachten Sie unbedingt auch die hervorgehobenen Hinweise und Vorsichtsmaßnahmen bei den einzelnen Anwendungen. Abschließend werden einige Beispiele vorgestellt, zu welchen verschiedenen Zwecken Sie Massagen gezielt einsetzen können.

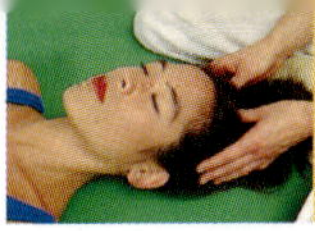

Hinweis:
Bevor Sie mit der praktischen Anwendung von Shiatsu beginnen, und wenn Shiatsu für Sie „Neuland" darstellt, sollten Sie unbedingt den Teil „Wissen" gelesen haben. Dort werden Ihnen wichtige Informationen vermittelt, die für das Verständnis der Methode und deren richtige Durchführung unabdingbar sind.

Zuerst die Grundlagen aneignen!

Wie Sie Shiatsu durchführen

Raum und Atmosphäre

Eine angenehme Atmosphäre schaffen

Führen Sie Shiatsu in einer Umgebung durch, die für beide Partner oder Partnerinnen angenehm ist. Sie benötigen einen wohltemperierten Raum, in dem eine ungestörte Begegnung möglich ist. Die Entspannung wird durch eine angenehme Atmosphäre gefördert. Dazu tragen gedämpfte oder indirekte Beleuchtung und ruhige Musik bei (fragen Sie hierzu unbedingt auch nach den Wünschen Ihrer Partnerin oder Ihres Partners). Sorgen Sie auch dafür, daß Sie nicht durch das Läuten des Telefons oder der Türklingel gestört werden können. Sie sollten ausreichend Platz haben, sich um den oder die Massage-Empfangenden herum frei bewegen zu können. Ihr Partner oder Ihre Partnerin sollte bequeme Kleidung tragen und Schmuckstücke und andere Accessoires ablegen. Die Kleidung bildet eine wärmende Hülle um den Körper, die verhindert, daß zuviel Energie zur Wärmung der Haut aufgewendet werden muß.

Lagerung

1:50

Die Unterlage sollte nicht zu weich sein

Die Shiatsu-Massage führen Sie auf dem Boden durch. Der Partner oder die Partnerin ruht auf einer Unterlage, die ausreichend dick, aber nicht zu weich sein sollte. Gut geeignet ist z.B. ein Futon, es können aber auch mehrere Decken übereinander gelegt werden. Optimal ist es, wenn die Unterlage so groß ist, daß Sie sich mit darauf knien können.

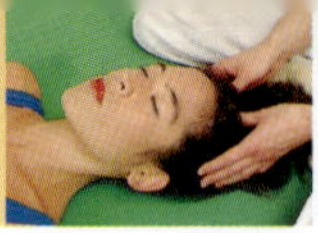

Verwenden Sie als Hilfsmittel für eine entspannte Lagerung feste kleine Kissen oder Rollen, die auch aus zusammengelegten oder -gerollten Handtüchern bestehen können. Wenn der oder die Massage-Empfangende auf dem Rücken liegt, unterlagern Sie die Knie mit einer zusammengerollten Decke. Dadurch werden Bauchmuskeln und Rücken entspannt.

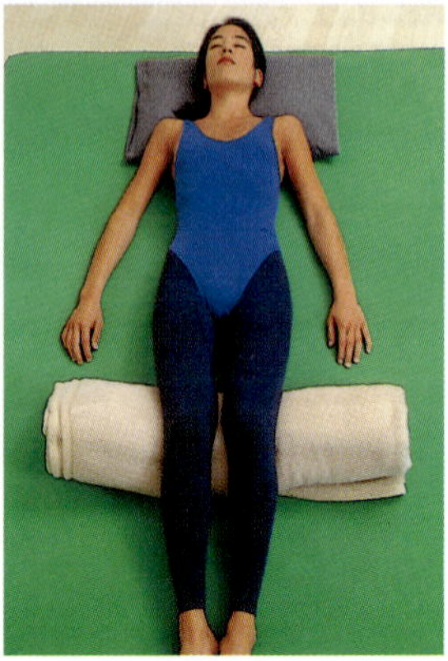

Den Kopf und die Knie bequem unterlagern

Bevor Sie mit Shiatsu beginnen, fragen Sie auf jeden Fall Ihren Partner oder Ihre Partnerin, ob er oder sie bequem liegt.

2:15

Aus dem Hara massieren – sammeln

Eines der wichtigsten Prinzipien bei Shiatsu lautet: „Arbeite aus dem Hara". Hara, der Unterbauch, ist Sitz der Lebensenergie Ki. Konzentrieren Sie sich bei der Ausübung aller Bewegungen auf Ihr Hara. Dies fällt Ihnen leichter, wenn Sie vorher die Hara-Übung durchführen (siehe S. 18). Ferner ist es wichtig, daß Sie tief in den Bauch atmen, wenn Sie massieren. Diese sogenannte Hara-Atmung verhilft Ihnen zu einem stabilen Schwerpunkt, aus dem Sie alle Übungen und Techniken durchführen.

Konzentration auf das Hara

Geben und Nehmen

Massage bedeutet gleichzeitig Geben und Nehmen. Versuchen Sie, sich als Shiatsu-Gebender in den Körper des Nehmenden hineinzuspüren und statt mit den Augen mit Ihren Händen zu „sehen". Sie bekommen bei der Massage wie bei

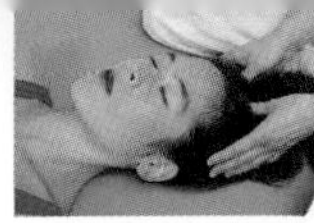

kaum einem anderen Verfahren eine prompte Erfolgsmeldung für Ihr Tun. Am Grad der An- oder Entspannung des Shiatsu-Nehmenden können Sie erkennen, ob Ihre Massage die gewünschte Wirkung hat. Mit den richtigen Griffen stellen sich Entspannung und Wohlbefinden bei Ihrer Partnerin oder Ihrem Partner sehr schnell ein. Sie können spüren, wie sich Spannungen unter Ihren Händen nach und nach lösen.

Auf die Wirkung der Massage achten

Entspannung während der Shiatsu-Massage

Um Ihre Partnerin oder Ihren Partner entspannen zu können, sollten Sie selbst entspannt sein und in sich ruhen, wenn Sie massieren. Sammeln Sie deshalb, bevor Sie mit Shiatsu beginnen, Ihre Energie und bereiten Sie sich darauf vor, diese durch Ihre Hände an Ihre Partnerin oder Ihren Partner weiterzugeben, sie fließen zu lassen.

Konzentrieren Sie sich dazu auf Ihr Hara, und beginnen Sie mit Shiatsu erst, wenn Sie sich innerlich ruhig fühlen. Nur so sind Sie in der Lage, Ihren Händen Ihre volle Aufmerksamkeit zu widmen und sie für den Kontakt mit dem Körper des anderen empfindsam zu machen. Der Druck Ihrer Hände wird sich mit der Zeit auf die Beschaffenheit des oder der Massage-Empfangenden einstellen.

Den Händen die volle Aufmerksamkeit widmen

Achten Sie auch während der Shiatsu-Massage darauf, daß Sie entspannt bleiben. Verkrampfen Sie sich nicht in den Schultern, und begeben Sie sich stets in die für den folgenden Griff günstigste Ausgangsposition. Wenn Sie sich selbst zu sehr verkrampfen, werden Sie schnell die Lust an der Ausübung von Shiatsu verlieren. Das Arbeiten aus dem Hara beugt eigenen Verspannungen vor.

Selbst entspannt bleiben

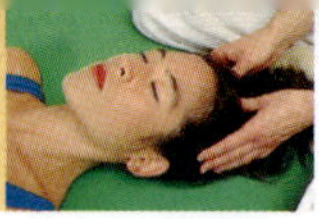

2:35

Ausgangsstellung

Die Ausgangsstellung für die meisten Techniken ist der Fersensitz. Hierbei knien Sie auf der Unterlage und Ihr Gesäß ruht auf den Fersen. In dieser Stellung werden gleichzeitig

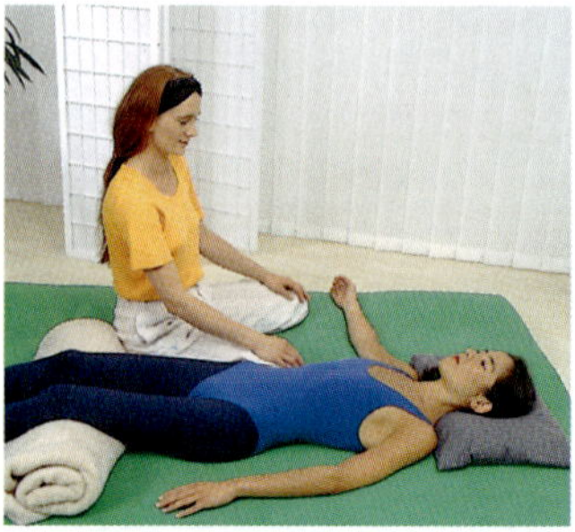

Ausgangsstellung: der Fersensitz

Ihre Oberschenkelmuskeln sanft gedehnt. Je weiter die Knie voneinander entfernt sind, desto stabiler ist Ihre Position. Beim Shiatsu-Geben sitzen Sie im Fersensitz neben Ihrer Partnerin oder Ihrem Partner. Legen Sie den Ihnen zugewandten Arm zur Seite, damit Sie genügend Platz zum Sitzen haben. Vor Beginn der Massage können Sie in dieser Position auch die Konzentrationsübung auf Ihr Hara durchführen (siehe S. 18).

Der Halbkniestand

Aus dem Fersensitz heraus können Sie eine weitere wichtige Grundstellung einnehmen, den Halbkniestand. Hierbei ist ein Bein aufgestellt, während das andere Bein kniet. Aus dieser Grundstellung können Sie ebenfalls viele Techniken durchführen.

Mit dem eigenen Körpergewicht arbeiten

Shiatsu beruht auf der optimalen Ausnutzung von Atmung

Gezielt das eigene Körpergewicht einsetzen

und Gewichtsverlagerung und ist kein körperlicher Kraftakt. Arbeiten Sie daher nicht mit roher Muskelkraft. Setzen Sie statt dessen bei Shiatsu zur Druckausübung gezielt Ihr eigenes Körpergewicht ein. Durch Übung wer-

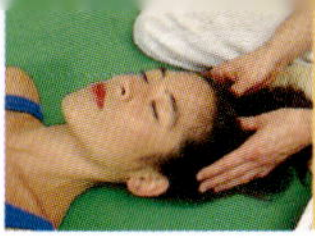

den Sie im Laufe der Zeit lernen, die Massage durchzuführen, ohne sich anstrengen zu müssen.
Die Ausübung und Dosierung von Druck erreichen Sie über die Verlagerung Ihrer Körperposition. Sie können Druck auf Ihre Hände ausüben, indem Sie Ihr Körpergewicht nach vorne verlagern. Richten Sie sich dazu aus dem Fersensitz in den Vierfüßlerstand auf, verlagern Sie Ihr Becken nach vorne, und lehnen Sie Ihren Rumpf auf Ihre aufgestützten Hände. Wenn Sie Ihr Gewicht über das Becken wieder nach hinten verlagern, verringert sich der Druck auf Ihre Hände. Durch dieses Vor- und Zurücklehnen können Sie den Druck fein dosieren. Voraussetzung hierbei ist, daß Sie mit gestreckten Armen arbeiten.

Das Becken nach vorne verlagern und Druck auf die Hände geben

Druck ausüben

Begeben Sie sich vor Anwendung eines Griffs möglichst in einen rechten Winkel zur Behandlungsfläche, da Sie nur so Ihr Körpergewicht optimal ohne Kraftanstrengung und „Verrenkungen" einsetzen können.
Der Druck, den Sie ausüben, trifft immer genau senkrecht auf das Gebiet, das Sie massieren. Dies ermöglicht ein gezieltes Bearbeiten der Tsubos. Sie setzen Ihr Körpergewicht so am sinnvollsten ein und arbeiten möglichst rückenschonend.

Den Druck genau senkrecht ausüben

Die Ausübung des Drucks erfolgt langsam und im Rhythmus der Atmung. Während der oder die Shiatsu-Empfangende ausatmet, „schleichen" Sie Sich mit Ihrem Druck ein. Halten Sie dann den Druck, bis die nächste Einatmung beginnt, das sind etwa zwei bis sieben Sekunden (siehe auch S. 31).

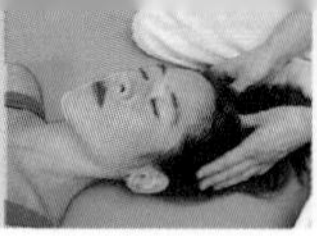

Mit beiden Händen arbeiten

Bei der Shiatsu-Massage sind immer beide Hände im Einsatz. Die ruhende Hand (Mutterhand oder Yin-Hand) stützt und gibt der aktiven Hand (Kindhand oder Yang-Hand) Halt. Ohne den kontinuierlichen Kontakt mit der ruhenden Hand empfindet der oder die Shiatsu-Empfangende Unbehagen bei Ihren Anwendungen. Stellen Sie sich Ihre Hände als zwei Pole vor: Nur wenn beide Pole, d.h. beide Hände, den Körper des Partners oder der Partnerin berühren, kann die Lebensenergie Ki in einem Kreislauf fließen. Wenn nur ein Pol mit dem Körper in Kontakt steht, ist der Kreislauf unterbrochen.

Die Hände sind wie zwei Pole

Einen harmonischen Rhythmus finden

Eine Shiatsu-Massage ist ein kontinuierlicher Austausch zwischen Gebendem und Nehmendem. Verabreichen Sie die Massage daher in einem harmonischen Rhythmus. Lassen Sie die einzelnen Behandlungsabschnitte fließend ineinander übergehen, so daß der Austausch nicht unterbrochen wird. Achten Sie auch auf einen ruhigen, gleichmäßigen Atemrhythmus bei sich selbst. Im Austausch mit dem Shiatsu-Empfangenden finden Sie so nach und nach Ihren eigenen Rhythmus.

Die Griffe ineinander übergehen lassen

Vielleicht erscheinen Ihnen diese Grundregeln am Anfang kompliziert. Vieles davon gelingt Ihnen jedoch leicht, wenn Sie lernen, aus dem Hara heraus zu arbeiten. Wenn Sie Shiatsu, so wie es hier gezeigt wird, einige Male angewendet haben, werden Sie besser fühlen, was gemeint ist. Horchen Sie bei der Massage in sich hinein, arbeiten Sie aus Ihrer Mitte, und beobachten Sie die Reaktionen Ihres Partners oder Ihrer Partnerin. Wenn Sie beide, Shiatsugeber und -empfänger, sich wohl fühlen, machen Sie es richtig.

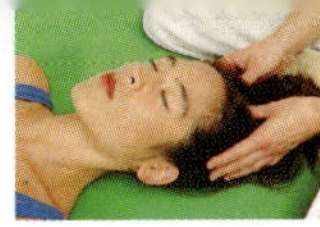

Übersicht: Wie Sie Shiatsu durchführen

- Angenehm warmer Raum ohne Ablenkungen
- Dicke, nicht zu weiche Unterlage sowie kleine Kissen zur Lagerung
- Entspannte, bequeme Lage des Shiatsu-Empfangenden
- Aus dem Hara massieren: Konzentration auf das Hara
- Entspannung während der Behandlung
- Geben und Nehmen
- Die richtige Ausgangsstellung einnehmen: Fersensitz oder Halbkniestand
- Mit dem eigenen Körpergewicht arbeiten
- Druck ausüben durch Verändern der Körperposition
- Eigene Position im rechten Winkel zum behandelten Körperteil einnehmen
- Druck senkrecht zur Behandlungsfläche ausüben
- Bei der Ausatmung Druck geben
- Stets mit beiden Händen arbeiten
- Eigenen Rhythmus finden

Einfache Grundtechniken

Mittlerweile gibt es eine schier unübersehbare Anzahl unterschiedlicher Shiatsu-Varianten. Jeder Therapeut entwickelt im Laufe seiner Tätigkeit eigene Griffabwandlungen. Mit den Grundtechniken, die Sie im folgenden kennenlernen, können Sie einfache Massagen und die gezeigten Behandlungsbeispiele mühelos nachvollziehen. Lassen Sie sich nicht entmutigen, wenn am Anfang nicht alles auf Anhieb klappt. Mit etwas Übung werden Sie schnell alle Griffe so ausführen können, wie Sie es im Video und auf den Bildbeschreibungen im Buch sehen.

Hinweis:
Die Beschreibungen der Shiatsu-Techniken beziehen sich im folgenden auf die in den Fotos gezeigten Personen. Daher wird häufig nur die weibliche Geschlechtsform genannt. Selbstverständlich eignet sich Shiatsu für Personen sowohl weiblichen als auch männlichen Geschlechts.

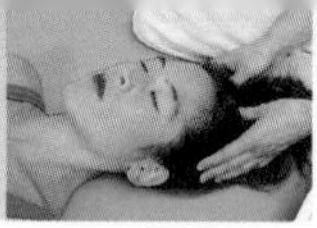

2:45

Drucktechniken

Die Einwirkung von Druck regt die in den Energiebahnen (Meridianen) zirkulierende Lebensenergie Ki an. Daher sind Drucktechniken ein wichtiges Element von Shiatsu. Es gibt viele Möglichkeiten, mit Daumen, Fingern, Händen, Ellenbogen und anderen Körperteilen Druck auszuüben. Zur richtigen Durchführung sind einige allgemeine Vorgehensweisen zu berücksichtigen (siehe S. 29). Im folgenden werden grundlegende Drucktechniken vorgestellt, die Sie bei der später dargestellten Shiatsu-Massage anwenden werden.

Druckstärke und Druckpunkte

Als Einsteiger in die Shiatsu-Massage werden Sie sich vermutlich fragen, wie Drucktechniken überhaupt ausgeführt werden; wo, wie lange und wie stark Sie drücken sollen.

Druck auf die Tsubos

Üblicherweise wird der Druck auf bestimmte Punkte, die Tsubos (siehe S. 11), ausgeübt. Die Tsubos liegen überwiegend auf den Energiebahnen, den Meridianen (siehe S. 8). Für den Einstieg müssen Sie nicht unbedingt die Lage der einzelnen Punkte genau kennen, diese werden nur in Einzelfällen genauer beschrieben. Für die Durchführung der hier gezeigten Massagen genügt es, wenn Sie sich nach den Anleitungen zu den entsprechenden Abbildungen richten und sich an den Videosequenzen orientieren.

Die Stärke des Drucks richtet sich nach der Empfindlichkeit des oder der Shiatsu-Empfangenden. Fragen Sie ihn oder sie, wie der Druck empfunden wird. Daneben spüren Sie aber auch selbst, wie Ihr Partner oder Ihre Partnerin reagiert. Bei einer Überdosierung werden Sie ganz deutlich fühlen, wie sich der Körper unter Ihrem zu starken Druck anspannt oder gar verkrampft.

Bei der Druckstärke auf die Atmung achten

Achten Sie auch auf die Atmung des Partners oder der Partnerin: Wenn Sie zu fest drücken, es für den Shiatsu-Empfänger also zu unangenehm wird, hält er unwillkürlich die Luft an, der ruhige und entspannte Atemfluß ist unterbrochen. Unterhalb der Schwelle, an der der Schmerz unangenehm wird, gibt es aber auch eine Art von Schmerz, der noch als wohltuend empfunden wird. Dieser „Wohltu-Schmerz“ ist nicht durch die obigen Merkmale ge-

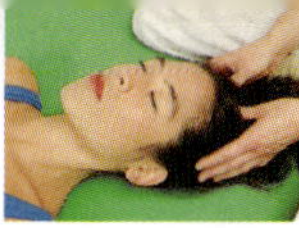

kennzeichnet, er signalisiert vielmehr den richtigen Druckpunkt und die richtige Druckstärke. Er strahlt häufig im Verlauf eines Meridians aus, was ebenfalls eine richtige Durchführung anzeigt.

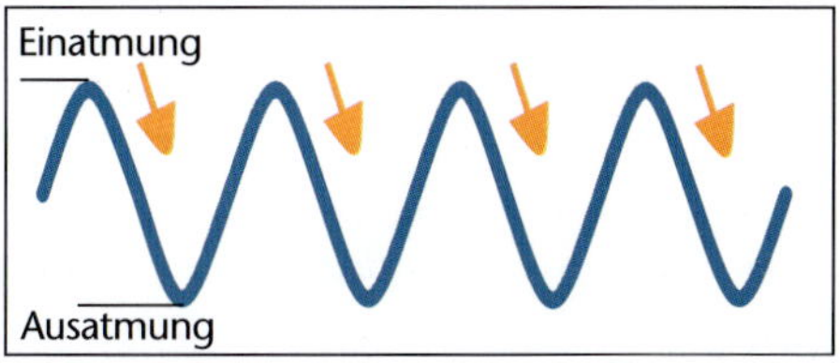

Der Druck setzt jeweils mit der Ausatmung ein

Wenn Sie Drucktechniken anwenden, drücken Sie nicht sofort mit maximaler Druckstärke, sondern „schleichen" Sie sich langsam ein: Beginnen Sie sanft, Druck auszuüben, wenn Ihr Partner oder Ihre Partnerin mit der Ausatmung beginnt, verstärken Sie den Druck mit der Ausatmung und halten Sie ihn für zwei bis sieben Sekunden oder einen kompletten Atemzyklus bis zur nächsten Ausatmung.

Hinweise zu den Drucktechniken:

- Richten Sie sich in der Druckstärke unbedingt nach dem Wohlbefinden Ihres Partners oder Ihrer Partnerin.
- Dosieren Sie die Druckstärke sehr vorsichtig. Üben Sie vor allem bei älteren Personen nur sanften Druck aus.
- Wenden Sie keine Drucktechniken im Bereich erkrankter oder verletzter Körperteile an.

Handballendrucktechnik

3:05

Durch Druckausübung mit dem Handballen erzielen Sie eine sehr angenehme und zielgerichtete Tiefenwirkung. Eine gut entspannte Hand ist hierbei eine sehr wichtige Voraussetzung für die richtige Durchführung. Legen Sie die Hand mit der gesamten Fläche auf die zu massierende Körperstelle. Die Ausübung des Drucks erfolgt mit dem Handballen, indem Sie Ihr Gewicht über die Schultern und die gestreckten Arme auf den Handballen verlagern.

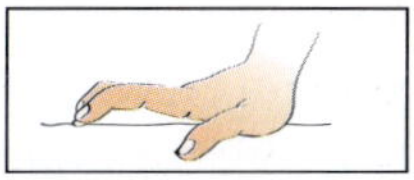
falsch

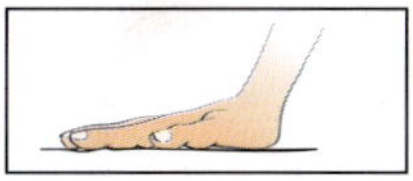
richtig

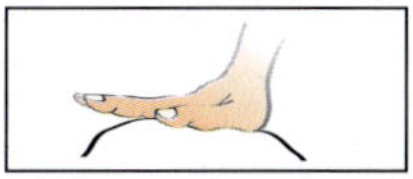
falsch

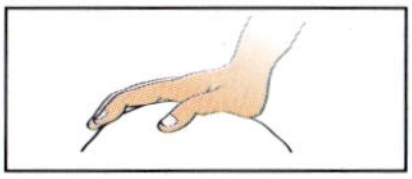
richtig

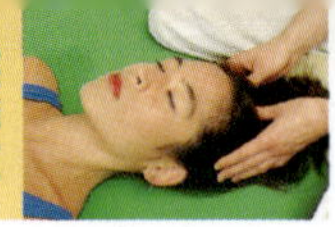

Vorübung: Aufrichtung aus dem Fersensitz ...

... und Handballendruck auf die Unterlage

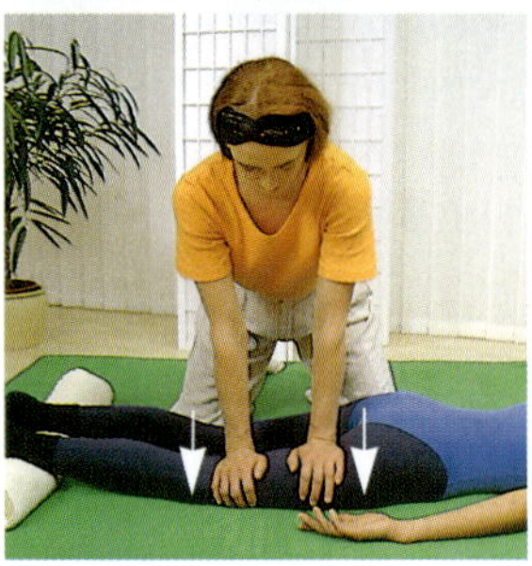

Handballendruck auf den Oberschenkel

Führen Sie zunächst eine kleine Vorübung zur Handballendrucktechnik durch. Nehmen Sie als Ausgangsstellung den Fersensitz ein. Legen Sie beide Handflächen vor sich auf die Unterlage.

Gehen Sie nun aus dem Fersensitz in den Vierfüßlerstand. Sie können die Stärke des Drucks, den Sie mit Ihren Handballen auf die Unterlage ausüben, bewußt regulieren, indem Sie Ihr Becken und Ihren Rumpf vor- und zurückschieben. Halten Sie dabei Ihren Rücken gerade und achten Sie auf Ihr Hara: Atmen Sie in den Unterbauch, und versuchen Sie, die Bewegung aus dem Hara heraus auszuführen.

Führen Sie nach dieser Übung die Handballendrucktechnik auf der Oberschenkelrückseite Ihres Partners oder Ihrer Partnerin durch. Der Druck wird genau senkrecht auf die Mittellinie des Beins ausgeübt.

Entwickeln Sie ein Gespür dafür, wieviel Gewicht Sie ausüben dürfen. Der Druck sollte für den Shiatsu-Empfänger angenehm sein (siehe S. 30).

3:45

Daumendrucktechnik

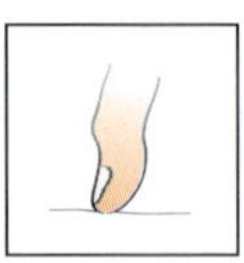

falsch

richtig

Der Daumen ist der wichtigste Finger beim Geben von Shiatsu. Sie können mit ihm einen sehr gezielten Druck auf die Druckpunkte, die Tsubos, ausüben. Setzen Sie den Daumen nicht mit der Spitze, sondern mit dem gesamten Daumenendglied auf, d.h., der Daumen ist stets gestreckt und nicht gebeugt. Diese Technik ist für Ihre Daumengelenke vielleicht

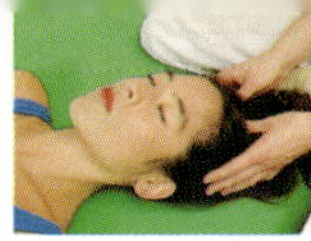

zunächst anstrengend und gewöhnungsbedürftig; überfordern Sie sich also anfangs nicht.
Mit dem Daumen führen Sie einen gleichmäßigen Druck auf einen Punkt aus. Vermeiden Sie kreisende, schwingende oder vibrierende Bewegungen. Mit der Ausatmung des Partners oder der Partnerin bauen Sie wieder gleichmäßig den Druck auf. Die Stärke des Drucks regulieren Sie wie bei der Handballentechnik über das Vor- und Zurückschieben Ihres Beckens und Rumpfes.
Mit der folgenden Vorübung entwickeln Sie ein Gefühl für die Daumendrucktechnik: Begeben Sie sich in den Fersensitz. Setzen Sie beide Daumen vor sich auf die Unterlage auf, die anderen Finger stützen die Hand ab. Nun gehen Sie aus dieser Position in den Vierfüßlerstand. Durch Vor- und Zurückverlagern des Beckens erfolgt die Gewichtsverlagerung und somit die Regulierung der Druckintensität. Halten Sie Arme, Daumen und Finger bei den Drucktechniken gestreckt.
Nach dieser Vorübung führen Sie die Daumendrucktechnik wieder zuerst an der Mittellinie der Oberschenkelrückseite Ihres Partners oder Ihrer Partnerin durch. Der Druck sollte als angenehm empfunden werden und wie bei den anderen Techniken bei der Ausatmung einsetzen.

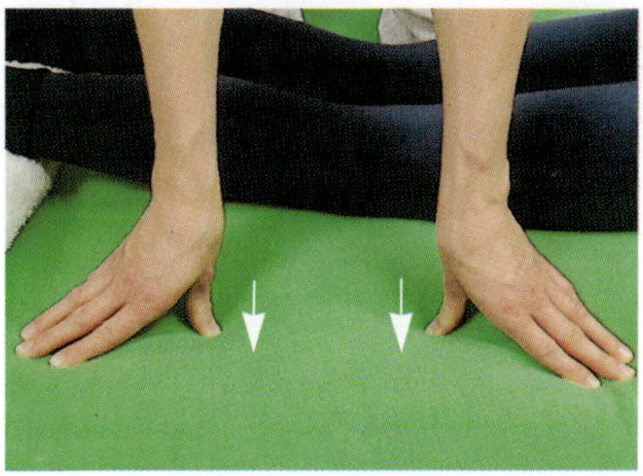

Daumendruck auf die Unterlage

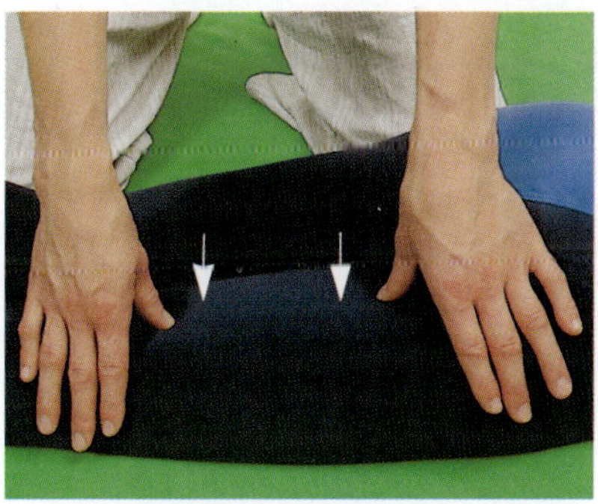

Daumendruck auf den Oberschenkel

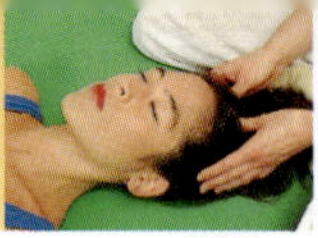

4:25

Fingerdrucktechnik – „Flügelputzen"

Eine sehr angenehme Technik bei verspannten Schultermuskeln ist das „Flügelputzen". Ihre Partnerin befindet sich dazu in Bauch- oder besser in Seitenlage.

Mit einer Hand umgreifen Sie die vordere Seite der Schulter und halten diese. Mit den vier Fingerspitzen der anderen

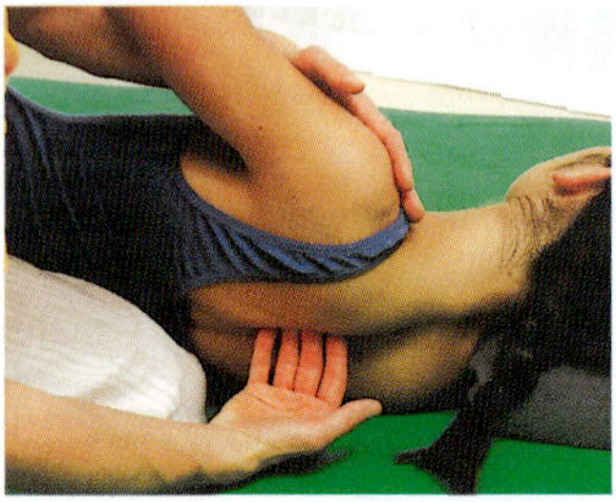

Die Hände aufeinander zu bewegen

Hand gleiten Sie unter das Schulterblatt, die Handfläche ist Ihnen zugewandt. Mit dem Ausatmen der Partnerin bewegen Sie beide Hände aufeinander zu. Dabei gleiten Ihre Finger unter das Schulterblatt.

Mit diesem Griff lösen Sie sehr gut Verspannungen im Bereich des Schulterblattes. Natürlich sollte auch diese Fingerdrucktechnik vom Shiatsu-Empfänger als angenehm empfunden werden.

4:50

Tigermaulgriff

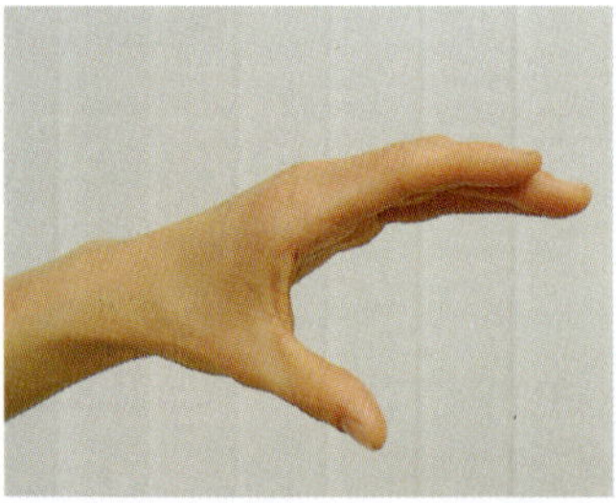

Die Hand ähnelt einem Tigermaul

Mit dem sogenannten Tigermaulgriff dehnen Sie die seitlichen Körperpartien und üben gleichzeitig gezielten Druck aus. Die Handstellung ist halbmondförmig, so, als wollten Sie eine übergroße Flasche greifen. Von der Seite ähnelt die Hand mit etwas Phantasie einem geöffneten Tigermaul, woraus sich die Bezeichnung ableitet.

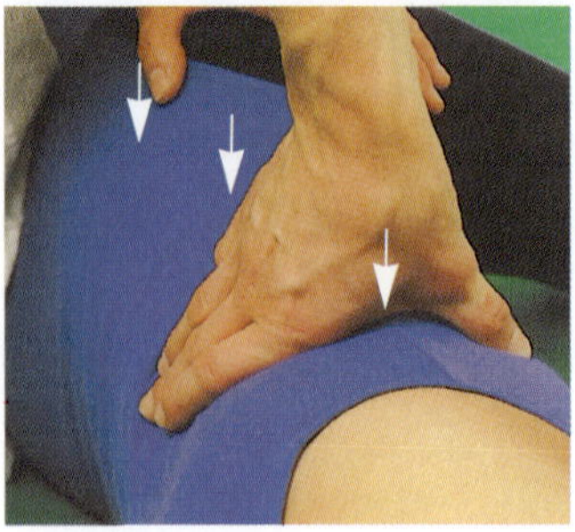

Druck mit dem Tigermaul auf den seitlichen Brustkorb

Ihre Partnerin liegt auf der Seite. Legen Sie die weit gespreizte Hand seitlich auf den oberen Brustkorb. Über die Gewichtsverlagerung durch Vor- und Zurückschieben Ih-

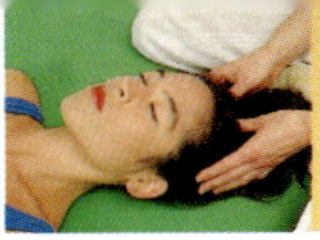

res Beckens üben sie nun Druck mit Ihrer Hand aus. Geben Sie Druck ab, wenn Ihre Partnerin ausatmet, und nehmen Sie während der Einatmung den Druck zurück. Setzen Sie die Hand Stück für Stück immer etwas weiter unten an, und wiederholen Sie den Zyklus mehrmals: Druckabgabe mit der Ausatmung, Nachlassen mit dem Druck bei der Einatmung. Arbeiten Sie sich so Schritt für Schritt in Richtung Becken.

Ellenbogendrucktechnik

5:15

Mit den Ellenbogen können Sie einen intensiveren Druck ausüben, als es mit den Händen möglich ist. Daher eignet sich die Ellenbogendrucktechnik bei harten Verspannungen größerer Muskelgruppen. Sie entlasten dabei gleichzeitig Ihre Hände und Finger. Sie können die Ellenbogen an den Schultern, Gesäß-, Rücken- oder Beinmuskeln einsetzen. Sie sollten Ihren Arm jedoch dabei nicht maximal anwinkeln, damit nicht die Ellenbogenspitze einen unangenehmen Druck verursacht. Für den Einsatz der Ellenbogen an der Schultermuskulatur stellen oder knien Sie sich hinter die sitzende oder kniende Partnerin. Setzen Sie die nur wenig gebeugten Ellenbogen auf die Schultermuskeln zwischen Hals und Schultergelenk auf. Üben Sie nun vorsichtig einen senkrechten Druck aus. Beginnen Sie, wenn die Partnerin ausatmet. Richten Sie sich in der Stärke des Drucks nach der Empfindung Ihrer Partnerin. Streichen Sie anschließend Hals, Schultern und Arme aus.

Mit den Ellenbogen vorsichtig Druck ausüben

Danach Schultern und Arme ausstreichen

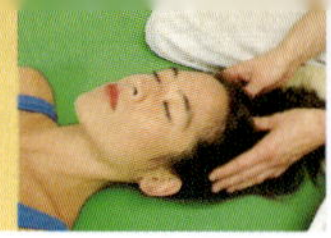

Vorsicht:
Führen Sie die Ellenbogendrucktechnik an der Schulter bei älteren Personen nur mit äußerster Empfindsamkeit durch. Während der Schwangerschaft und bei Menschen mit erhöhter Knochenbrüchigkeit (Osteoporose) sollte sie nicht durchgeführt werden.

5:55

Dehntechniken

Energetische Stauungen lösen

Die Dehntechniken sind ein weiterer wichtiger Bestandteil von Shiatsu. Sie dienen der Entspannung und der Lösung energetischer Stauungen und regen damit das ungehinderte Fließen der Lebensenergie Ki an. Es gibt in Shiatsu eine Vielzahl von Dehnungsmöglichkeiten; hier lernen Sie einige einfache und wichtige.

Richtiges Dehnen

Dehnungen werden grundsätzlich nach dem folgenden Prinzip durchgeführt: Bringen Sie den zu dehnenden Muskel zunächst soweit in die Streckung oder Dehnstellung, bis der Partner oder die Partnerin ein leichtes Ziehen angibt; gehen Sie aber nicht über diesen Punkt hinaus. Denken Sie daran, Ihren Rücken gerade zu halten und aus dem Unterbauch heraus zu atmen.

Die Atmung beachten

Wenn Ihr Partner oder Ihre Partnerin ausatmet, können Sie die Dehnung sanft verstärken, jedoch nur soweit, daß keine unangenehmen Schmerzen auftreten. Beim Einatmen können Sie wieder leicht nachlassen. Dies führen Sie über fünf Atemzüge durch, dann legen Sie den gedehnten Körperteil wieder in seiner Normalstellung ab. Vermeiden Sie bei der Dehnung unbedingt ruckartige Bewegungen oder „Federn“ und „Wippen“. Dadurch erreichen Sie das Gegenteil: Statt den Muskel zu entspannen, wird die Anspannung gefördert.

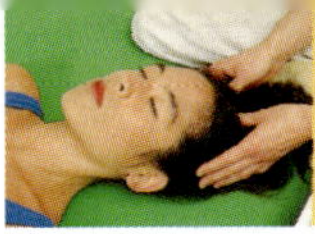

Hinweise zu den Dehntechniken:

- Führen Sie Dehnungen stets sehr vorsichtig durch, insbesondere bei älteren Personen und bei Steifigkeit in den Gelenken.
- Führen Sie keine Dehnungen im Bereich verletzter oder erkrankter Körperteile durch.
- Beachten Sie die individuelle Schmerzgrenze des Partners oder der Partnerin.

Dehnung der Oberschenkelrückseite

6:15

Mit der Dehnung der Oberschenkelrückseite wirken Sie auf den Blasen-Meridian ein. Knien Sie sich neben die Waden Ihrer Partnerin, und stellen Sie zum Halbkniestand Ihren äußeren Fuß neben ihre Hüfte. Umfassen Sie nun mit der äußeren Hand das Knie und mit der inneren die Ferse, und winkeln Sie das Bein Ihrer Partnerin an. Verlagern Sie dazu Ihr Gewicht auf Ihren aufstehenden Fuß, und nehmen Sie das gehaltene Bein mit in die Beugung. Halten Sie das Bein in dieser Dehnstellung über drei Atemzyklen. Drücken Sie bei der Ausatmung leicht nach. Wenn Ihre Partnerin gegenspannt, haben Sie zuviel Druck aufgewendet. Begeben Sie sich anschließend auf der anderen Seite in den Halbkniestand und führen Sie die Dehnung am anderen Bein durch.

Das Bein gebeugt in Richtung Brustkorb schieben

Dehnung des Arms

6:40

Die Arme werden in mehreren Positionen gedehnt. Damit beeinflussen Sie die verschiedenen Meridiane in diesem Bereich.

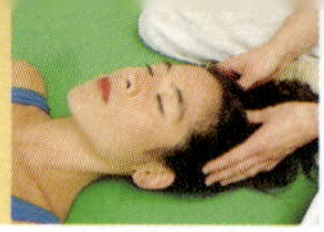

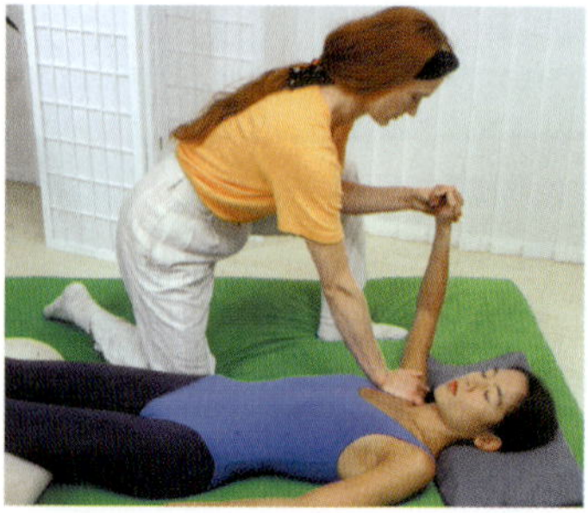

Den Arm durch leichtes Schaukeln lockern

Vor der Dehnung lockern Sie die Arm- und Schultermuskeln. Sie befinden sich dazu im Halbkniestand neben Ihrer Partnerin. Legen Sie Ihre rechte Hand auf ihre rechte Schulter, mit der linken umfassen Sie locker ihre Hand. Heben Sie den Arm hoch, so daß er im Ellenbogengelenk rechtwinklig gebeugt ist und nicht mehr auf der Unterlage aufliegt. Bewegen Sie nun den Arm mit leichten Schaukelbewegungen vor und zurück. Die Partnerin versucht, den Arm von Ihnen führen zu lassen.

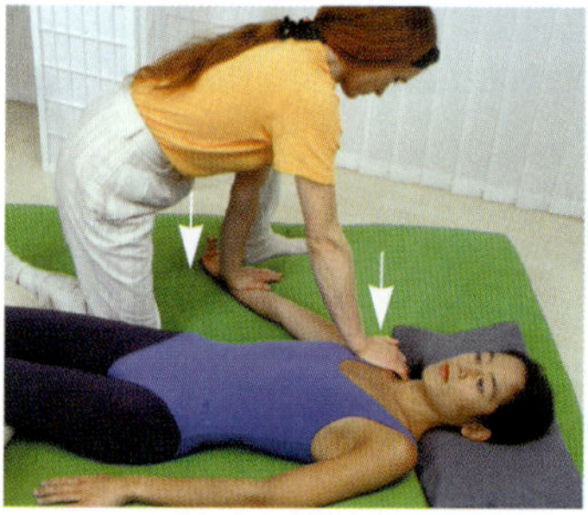

Dehnung des Arms seitlich neben dem Körper

Legen Sie nun den ausgestreckten Arm Ihrer Partnerin mit der Handfläche nach oben seitlich an ihrem Körper ab. Ihre eigene rechte Hand ruht noch immer auf der Schulter, die linke setzen Sie mit dem Handballen oberhalb des Handgelenks auf den Unterarm auf. Verlagern Sie Ihr Gewicht nach vorne auf Ihre beiden Hände, so daß die Muskeln auf der Innenseite des Ober- und Unterarms gedehnt werden.

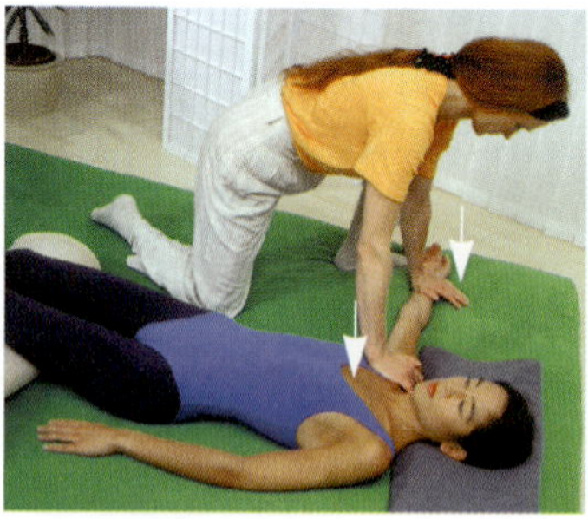

Dehnung des rechtwinklig gestreckten Arms

Anschließend legen Sie den Arm im Schultergelenk rechtwinklig ausgestreckt vom Körper Ihrer Partnerin weg. Legen Sie Ihre Hände wieder in die gleichen Positionen, und verlagern Sie erneut Ihr Gewicht auf Ihre Hände.

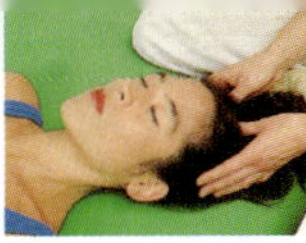

Für die dritte Position setzen Sie sich im seitlichen Fersensitz neben den Kopf der Partnerin. Legen Sie ihren über den Kopf ausgestreckten Arm über Ihren Oberschenkel und dehnen Sie ihn durch Handballendruck wie in den ersten beiden Positionen.

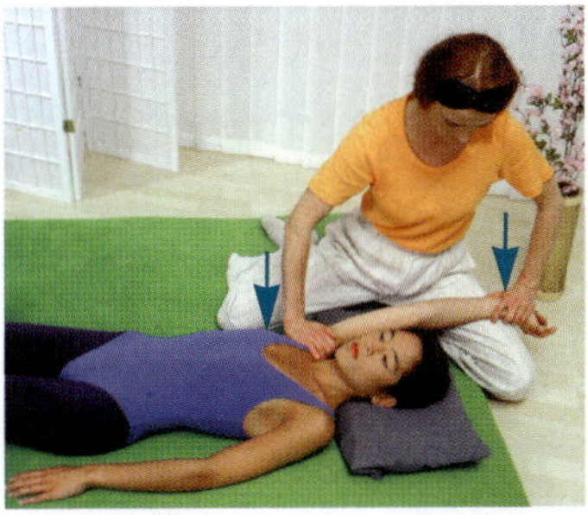

Dehnung des Arms über dem Kopf

Führen Sie diese Lockerung und Dehnung auch mit dem anderen Arm durch.

Übersicht: Grundtechniken

Drucktechniken

- Handballendrucktechnik
- Daumendrucktechnik
- Fingerdrucktechnik – „Flügelputzen"
- Tigermaulgriff
- Ellenbogendrucktechnik

Dehntechniken

- Dehnung der Oberschenkelrückseite
- Dehnung des Arms

Massage

7:55

Im folgenden wird zum Einstieg eine einfache Standardmassage fast des ganzen Körpers vorgestellt. Mit dieser Massage aktivieren Sie die Lebensenergie Ki und regen die Selbstheilungskräfte an. Die benötigten Griffe haben Sie bereits bei den Grundtechniken kennengelernt. Bedenken Sie bitte, daß es sich um eine Massage und nicht um eine Heilbehandlung handelt.

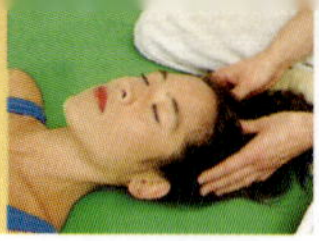

8:20

Der Blasen-Meridian

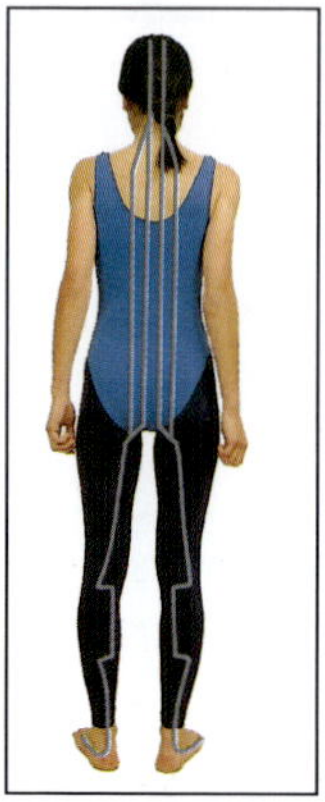

Der Blasen-Meridian verläuft auf der Körperrückseite

Der Blasen-Meridian ist eine der zwölf Hauptenergiebahnen. Er verläuft symmetrisch auf beiden Körperhälften. Beginnend am Augenwinkel erstreckt er sich über Kopf und Rücken bis zur Fußaußenseite. Am Nacken teilt er sich jeweils in zwei Äste. Auf dem Blasen-Meridian liegen viele Punkte, die Sie bei der im folgenden beschriebenen Massage bearbeiten und die unter anderem eine wichtige Rolle bei der Behandlung von Rückenschmerzen und bei Erkrankungen fast aller Organe spielen.

8:35

Rückenmassage

Der Rücken als tragendes Gerüst des Körpers ist ganz besonderen Belastungen ausgesetzt. Sei es durch die vielen Alltagstätigkeiten, die den Rücken beanspruchen, durch chronische Fehlhaltungen oder auch aufgrund von altersbedingtem Verschleiß: Es gibt viele Faktoren, die Rückenbeschwerden verursachen können.

Der Rücken, ein ideales Übungsterrain

Darüber hinaus können Sie am Rücken sehr viel lernen. Hier können Sie fast jede Technik anwenden, und Sie erkennen sofort, ob Ihre Griffe richtig ankommen. Der Rückenbereich ist somit ein ideales Übungsterrain für den Einstieg in Shiatsu. Bitten Sie Ihren Partner oder Ihre Partnerin daher stets um Rückmeldung, wie er oder sie Ihre Griffe empfindet. Viele Punkte, die Sie auf dem Rücken bearbeiten, liegen auf dem Blasen-Meridian.

Lagerung

Für die Rückenmassage liegt der oder die Shiatsu-Empfangende auf dem Bauch. Der Kopf liegt auf der Seite; von Zeit zu Zeit sollte er zur anderen Seite gedreht werden, damit der Nacken nicht steif wird. Sie sollten den Partner oder die Partnerin von allen Seiten bequem erreichen können.

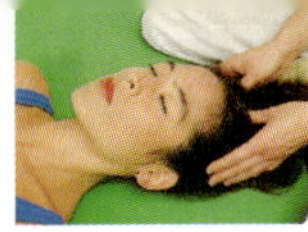

Hinweise zur Rückenmassage:

- Während einer fortgeschrittenen Schwangerschaft darf die Bauchlage nicht eingenommen werden.
- Stützen Sie sich bei der Behandlung des Rückens nicht auf der Wirbelsäule ab; üben Sie auf die Wirbelsäule nur sanften Druck aus.

Konzentration auf das Hara und Kontakt aufnehmen

8:40

Setzen Sie sich im Fersensitz Hüfte an Hüfte neben Ihren Partner oder Ihre Partnerin. Konzentrieren Sie sich zuerst auf Ihr Hara. Atmen Sie einige Male ganz bewußt in den Bauch. Versenken Sie sich dabei in das Zentrum Ihrer Lebensenergie Ki. Versuchen Sie, alles, was Sie bei dieser Massage tun, „aus dem Bauch" kommen zu lassen (siehe auch S. 17). Wenn Sie bereit sind, nehmen Sie Kontakt auf: Legen Sie eine Hand zwischen die Schulterblätter und die andere auf das Kreuzbein Ihrer Partnerin. Lassen Sie die Hände so einen Moment liegen, und erspüren Sie die Wärme des Körpers und seine Energie.

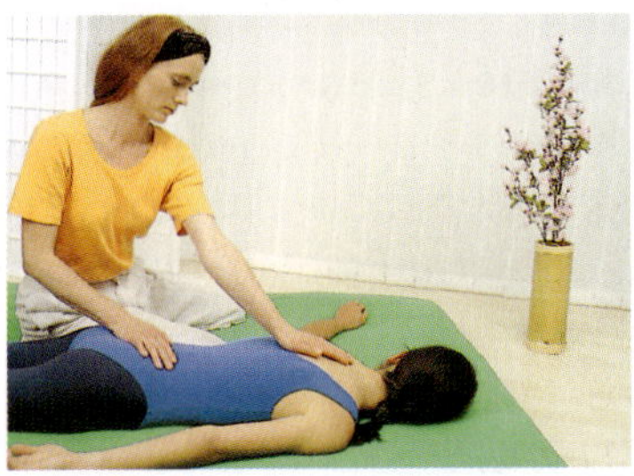

Die Hände ruhen auf dem Rücken

Handballendrucktechnik

8:55

Begeben Sie sich nun aus dem Fersensitz in den Kniestand, und legen Sie die aktive Hand auf den oberen Rücken neben die Brustwirbelsäule. Die ruhende Hand bleibt auf dem Kreuzbein liegen.

Üben Sie nun mit beiden Handballen Druck aus, indem Sie Ihr Gewicht über Becken und Rumpf nach vorne verlagern. Ihre Arme sind gestreckt, und Ihre Hände haben einen breitflächigen Kontakt

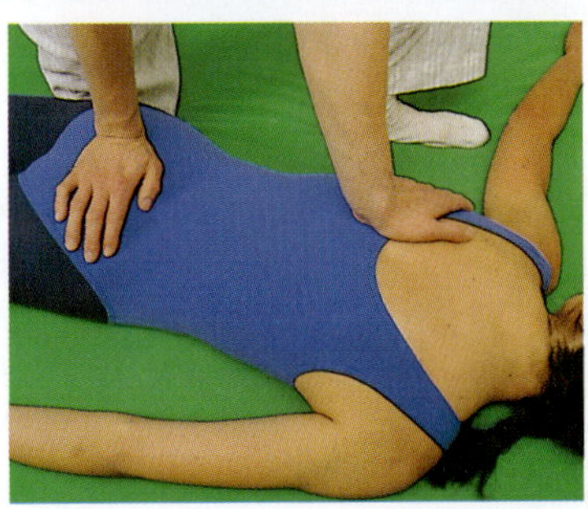

Druck auf den Blasen-Meridian

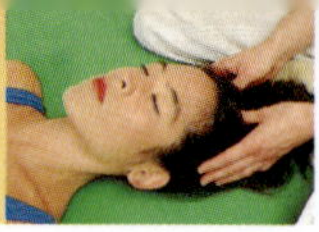

zum Rücken. Geben Sie nur Druck ab, wenn die Partnerin ausatmet. Während der Einatmung verlagern Sie den oberen Handballen jeweils ein Stück nach unten. Üben Sie in der Nierenregion nur leichten Druck aus.

9:20

Daumendrucktechnik mit einer Hand

Während der gesamten Behandlung bleibt die ruhende Hand – die Mutterhand oder Yin-Hand – auf dem Kreuzbein liegen. Legen Sie nun den Daumen der aktiven Hand in

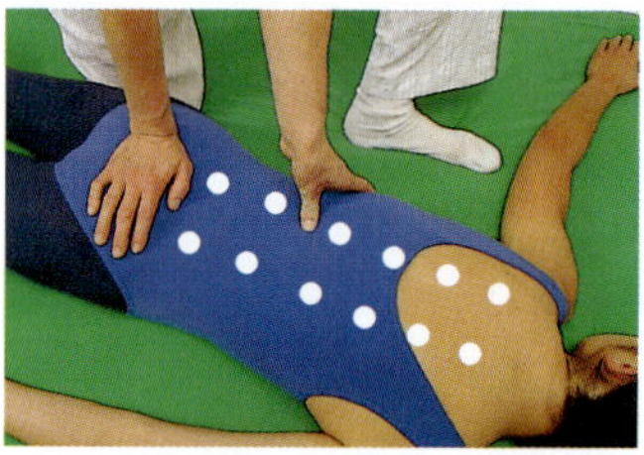

Mit jeder Einatmung den Daumen ein Stück weiter rücken

Höhe der Schulterblätter etwa einen Daumen breit neben die Dornfortsätze der Wirbelsäule auf den Blasen-Meridian. Verlagern Sie mit der Ausatmung der Partnerin Ihr Gewicht auf den gestreckten Daumen. Der Druck soll als angenehm empfunden werden. Nähern Sie sich wie bei der Handballendrucktechnik mit der aktiven Hand jeweils mit der Einatmung der Shiatsu-Empfangenden Stück für Stück dem Kreuzbein.

10:05

Daumendrucktechnik mit beiden Händen

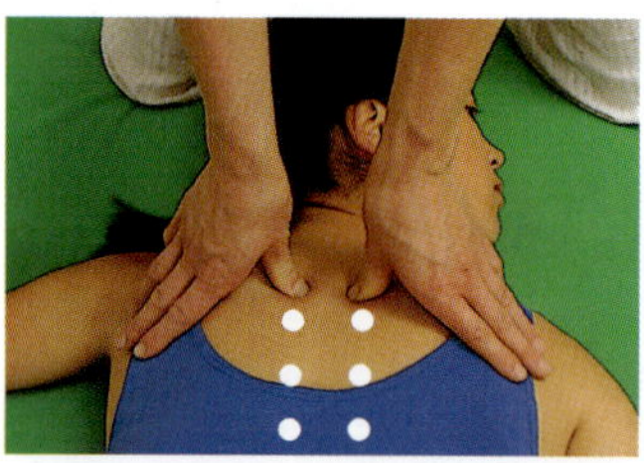

Druck mit beiden Daumen ...

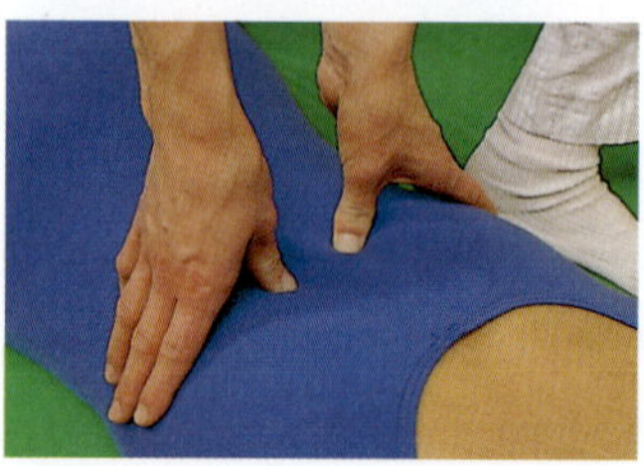

... auf dem Blasen-Meridian

Setzen Sie sich im Fersensitz an das Kopfende der Partnerin. Legen Sie beide Daumen unterhalb des Nackens beidseits der Wirbelsäule auf den Blasen-Meridian. Geben Sie wieder mit der Ausatmung der Partnerin Gewicht ab, und wandern Sie jeweils mit der Einatmung ein Stück in Richtung Kreuzbein.

An der höchsten Stelle des Rückens angelangt, wechseln Sie die Position und begeben sich neben dem Rücken Ihrer

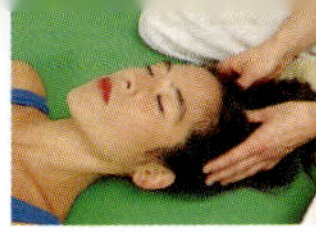

Partnerin in den Kniestand. Setzen Sie die Daumen zwischen den Schulterblättern auf, und wandern Sie mit ihnen im Atemrhythmus weiter nach unten zum Kreuzbein.

Leitfaden Rückenmassage

- Konzentration auf das Hara
- Kontakt aufnehmen
- Handballendrucktechnik
- Daumendrucktechnik mit einer Hand
- Daumendrucktechnik mit beiden Händen

Techniken am Kreuzbein

11:05

Das Kreuzbein ist das Fundament der Wirbelsäule. Es verbindet den linken und den rechten Beckenknochen mit der Wirbelsäule und bildet die „Kreuzung" des beweglichen Rückens mit dem fast starren Becken. Kreuzbein und Beckenknochen bilden miteinander sehr komplizierte Gelenke.

Schmerzen „im Kreuz"

Vom Kreuzbeinbereich gehen häufig schmerzhafte Beschwerden im unteren Rücken aus. Die Haut über dem Kreuzbein ist gleichzeitig eine Reflexzone für die Blase und die anderen Unterleibsorgane. Eine Massage der Kreuzbeinregion ist daher auch sehr angenehm bei Erkrankungen dieser Organe.

Daumendrucktechnik mit beiden Händen

11:15

Suchen Sie zunächst mit Ihren Daumen die sogenannten Kreuzbeinlöcher. Sie befinden sich jeweils etwa zwei bis drei Zentimeter neben der Mittellinie des Kreuzbeins. Wenn Sie mit dem Daumen tasten, spüren Sie an diesen Stellen links und rechts je vier kleine Vertiefungen untereinander. Eventuell gibt Ihre Partnerin ein elektrisierendes Gefühl an, da durch diese Löcher vom Rückenmark abzweigende Nervenäste austreten.

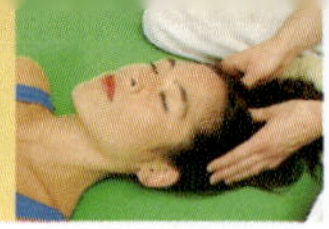

Setzen Sie die Daumen auf die oberen beiden Kreuzbeinlöcher, und verlagern Sie mit gestreckten Armen Ihr Gewicht nach vorne auf die Daumen. Setzen Sie die Daumen nicht spitz mit der Nagelkante, sondern flach auf (siehe S. 32). Die Druckausübung erfolgt wie immer mit dem Ausatmen. Geben Sie nun, Stück für Stück in Richtung Steißbein wandernd, Gewicht ab.

Die spürbaren Löcher im Kreuzbein suchen

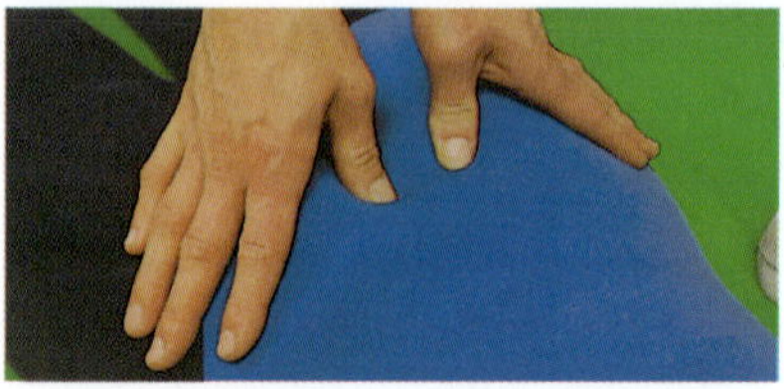

11:30

Handballendrucktechnik

Führen Sie die Druckbehandlung des Kreuzbeins anschließend mit den Handballen fort. Sie können nun Ihr Gewicht stärker nach vorne verlagern. Die Druckausübung erfolgt wieder atemsynchron mit dem Ausatmen der Partnerin. Der kräftige Druck auf das Kreuzbein entspannt und wirkt oft erleichternd bei Schmerzen.

Druck auf das Kreuzbein ausüben

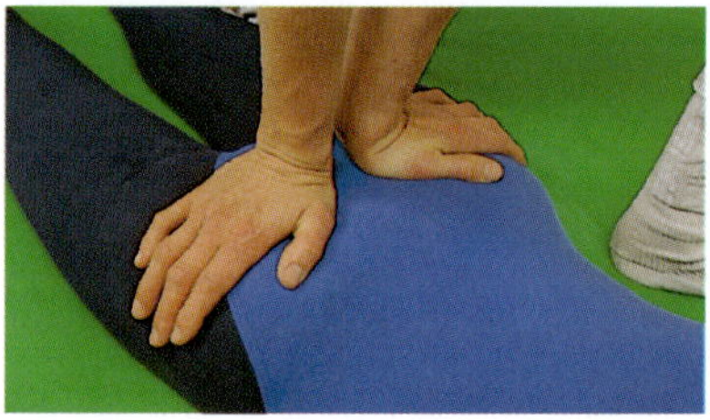

11:50

Daumenkreisen

Eine Variante der Daumendrucktechnik ist das Daumenkreisen. Die zu massierenden Punkte werden durch die kreisenden Streichungen weiträumiger erfaßt.
Legen Sie die Daumen beidseits der Mittellinie an das Steißbein an, und schieben Sie die Daumen in kleinen Halbkreisen nach außen. Wandern Sie auch hier mit den Halbkreisen Stück für Stück nach unten.

Die Daumen in Halbkreisen nach außen schieben

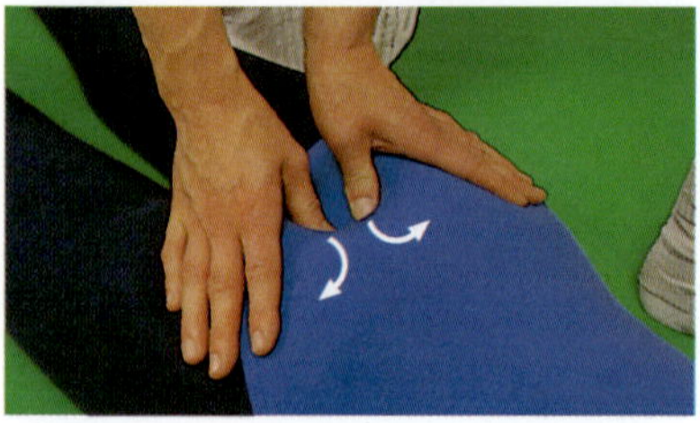

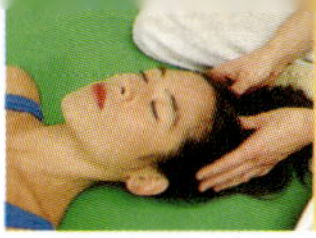

„Kreuzbein zusammenschieben"

12:10

Falten Sie nun Ihre Hände. Legen Sie die gefalteten Hände mit den Handflächen auf das Kreuzbein, und schieben Sie mit der Ausatmung Ihrer Partnerin die Handballen über dem Kreuzbein zusammen. Eine verspannte Kreuzbeinregion wird auf diese Weise angenehm entlastet und entspannt.

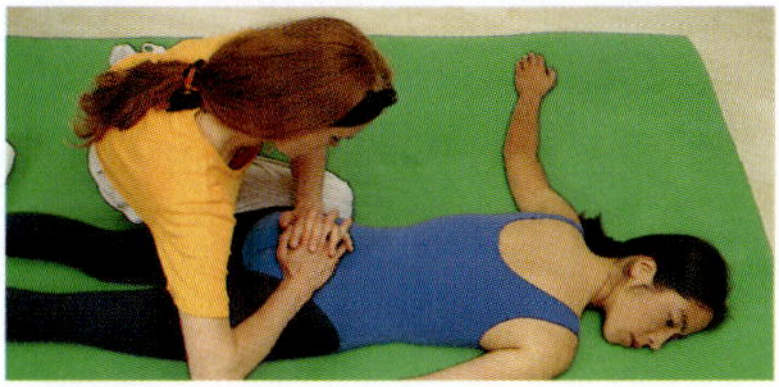

Die Hände über dem Kreuzbein zusammenschieben

Leitfaden Kreuzbeinmassage
- Daumendrucktechnik mit beiden Händen
- Handballendrucktechnik
- Daumenkreisen
- „Kreuzbein zusammenschieben"

Beinmassage

12:25

Die Beine sind die Säulen unseres Körpers, sie tragen uns durch das Leben. Verschleiß macht sich häufig in den Knie- und Hüftgelenken bemerkbar. Die Muskeln und Sehnen der Beine werden durch einen bewegungsarmen Lebensstil verhärtet und verkürzt. Daraus ergibt sich ein Energieungleichgewicht in den Beinen.

Den Energiefluß anregen

Auf jedem Bein verlaufen sechs Meridiane. Shiatsu regt den Energiefluß in ihnen an. Eine regelmäßige Shiatsu-Massage lockert auch die Muskeln und Sehnen, fördert die Beweglichkeit und verbessert die Durchblutung.

Wenn Sie sich die Beine als Säulen vorstellen, so stellen die Füße das solide Fundament der Beinsäulen und damit des Körpers dar. Auf den Füßen stehen und gehen wir, das ganze Gewicht wird auf sie abgeladen. Von frühestem Alter an in meist zu enges Schuhwerk gezwängt, führen die meisten Füße, obwohl sie so wichtig sind, ein eher kümmerliches und unbeachtetes Dasein. Dabei verlaufen wichtige Meridiane über die Füße. Vor allem auf den Fußsohlen liegen Reflexzonen, die mit allen Bereichen des Körpers in Verbin-

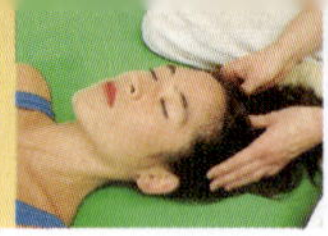

dung stehen. Schenken Sie Ihren Füßen mehr Aufmerksamkeit, indem Sie sie in eine entspannende Shiatsu-Massage einbeziehen.
Für die Bein- und Fußmassage liegt die Partnerin oder der Partner auf dem Bauch. Die Fußgelenke sind mit einer Rolle unterlagert, so daß die Kniegelenke leicht gebeugt sind und der Lendenbereich entspannt ist.

12:30

Handballendrucktechnik

Schritt für Schritt mit jeder Einatmung in Richtung Fuß wandern

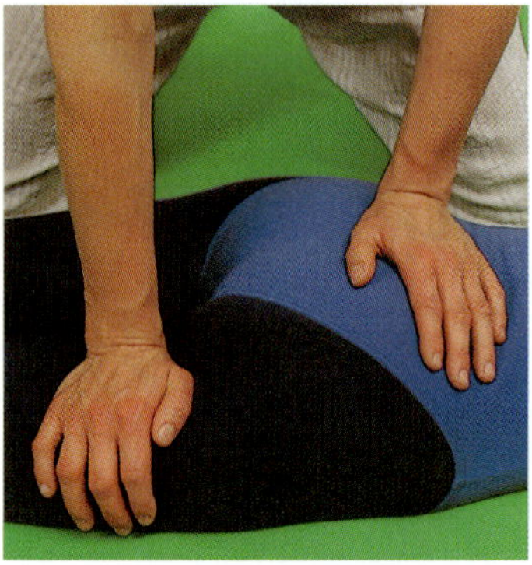

Setzen Sie sich auf Höhe der Knie neben Ihre Partnerin. Aus dem Fersensitz begeben Sie sich in den Kniestand. Legen Sie die aktive Hand auf die hintere Mittellinie des Oberschenkels unterhalb des Gesäßes, die andere Hand (Mutterhand) ruht stützend auf dem Kreuzbein.
Wandern Sie mit Handballendruck schrittweise entlang des Blasen-Meridians nach unten in Richtung Knie. Denken Sie auch hier daran, den Druck durch die Verlagerung Ihres Körpergewichts zusammen mit dem Ausatmen Ihrer Partnerin zu vermitteln. Am Oberschenkel können Sie recht kräftigen Druck ausüben. Sparen Sie aber die Kniekehlen aus, und verringern Sie den Druck an den Waden.

Abschließend die Fußsohlen ausstreichen

Wenn Sie an der Ferse angelangt sind, streichen Sie einige Male mit der flachen Hand über die Fußsohle zur Fußspitze hin aus.

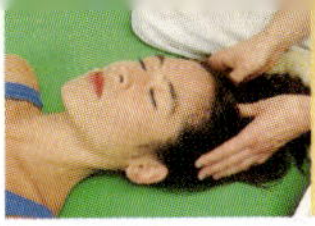

Daumendrucktechnik mit einer Hand

13:15

Nun bearbeiten Sie den Oberschenkel mit der Daumendrucktechnik. Eine Hand ruht wieder auf dem Kreuzbein, den Daumen der anderen Hand setzen Sie auf den Blasen-Meridian auf der Mittellinie des Oberschenkels auf. Verlagern Sie Ihr Gewicht mit dem Ausatmen der Partnerin nach vorne auf Ihren Daumen, und wandern Sie Punkt für Punkt nach unten. Üben Sie in der Kniekehle nur einen ganz leichten Druck aus.

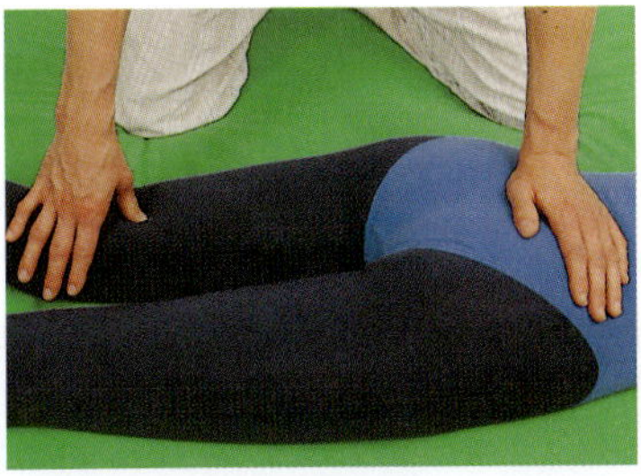

Mit Daumendruck in Richtung Knie wandern

Setzen Sie sich, wenn Sie an der Kniekehle angelangt sind, im Fersensitz zum Fuß der Partnerin. Legen Sie den Unterschenkel der Partnerin auf den eigenen Oberschenkel, und lockern Sie zuerst die Wade durch kräftiges Hin- und Herwalken mit beiden Händen. Fahren Sie nun mit der Daumendrucktechnik an der Wade fort. Die ruhende Hand umfaßt dabei die Fußsohle Ihrer Partnerin. Durch leichten Druck mit der ruhenden Hand auf die Fußsohle dehnen Sie mit jedem Daumendruck sanft die Wade und damit den Blasen-Meridian. Streichen Sie zum Abschluß einige Male mit der flachen Hand kräftig über die Fußsohle.

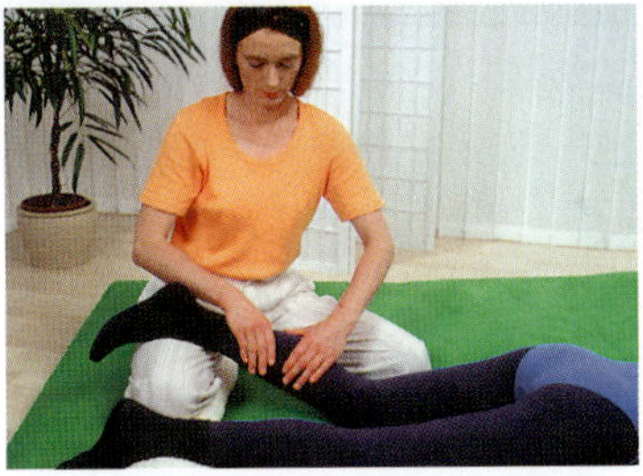

Die Waden walken

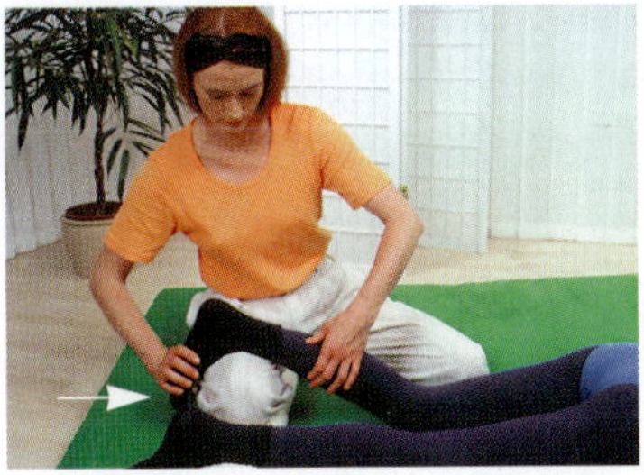

Den Daumendruck auf der Wade fortführen

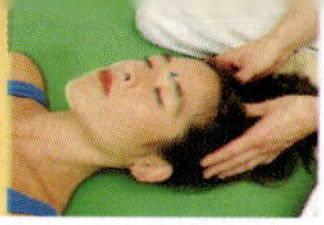

Vorsicht:
Bei der Beinmassage dürfen Drucktechniken nicht bei bestehenden Krampfadern durchgeführt werden.

14:40

Dehnung

Sanften Druck auf die Fußsohle ausüben

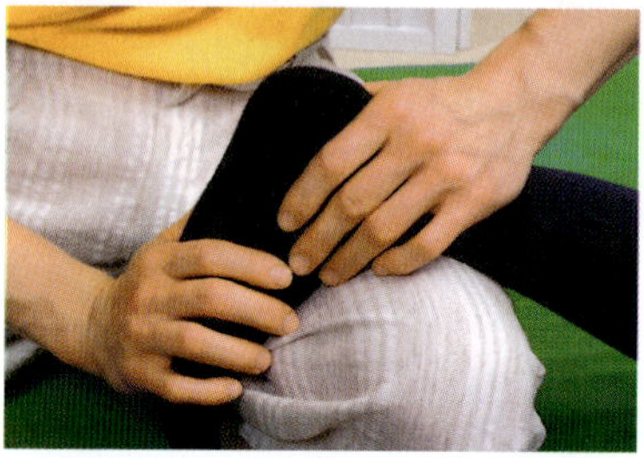

Bei angewinkeltem Bein wiederholen

Dehnen Sie die Ferse Ihrer Partnerin, indem Sie mit der einen Hand einen sanften Druck auf die Fußsohle ausüben. Die andere Hand hält das Bein an der Ferse. Die Dehnung erfolgt auch hier mit der Ausatmung und wird über mehrere Atemzüge gehalten.
Winkeln Sie nun das Bein so an, daß die Fußsohle zur Decke zeigt. Dehnen Sie die Ferse noch einmal in dieser Position.

15:25

Daumendrucktechnik mit beiden Händen an der Fußsohle

Entlang der Mittellinie der Fußsohle Druck ausüben

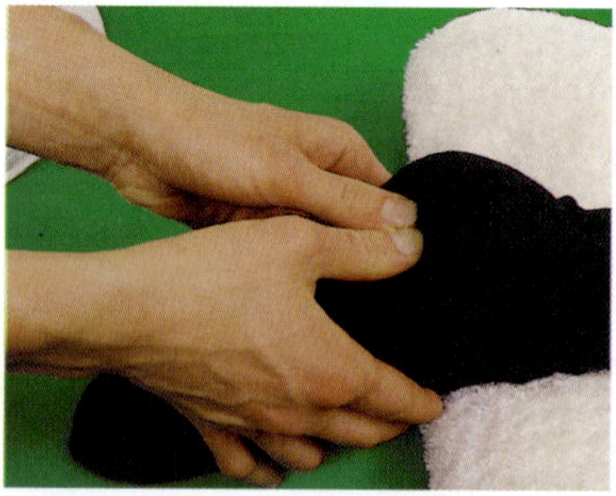

Begeben Sie sich an die Füße Ihrer Partnerin und legen Sie beide Daumen aneinander auf die Mittellinie der Fußsohle. Massieren Sie mit der Daumendrucktechnik von der Ferse zum Zehenansatz.
Massieren Sie anschließend das andere Bein auf die gleiche Weise.

An den Beinen ziehen

15:45

Wenn Sie die Beine massiert haben, umfassen Sie die Füße in Höhe der Knöchel. Üben Sie mit der Ausatmung Ihrer Partnerin einen sanften Zug an beiden Beinen aus, indem Sie Ihr Becken nach hinten verlagern.

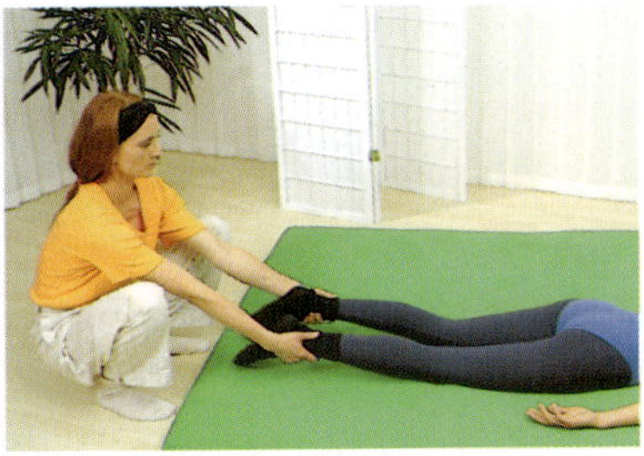

Das Becken nach hinten verlagern und sanft ziehen

Füße ausstreichen

15:55

Abschließend streichen Sie beide Füße noch einmal mit der flachen Hand aus.

Leitfaden Beinmassage
- Handballendrucktechnik
- Daumendrucktechnik mit einer Hand am Oberschenkel
- Waden walken
- Daumendrucktechnik mit einer Hand am Unterschenkel mit gleichzeitiger Dehnung der Wade
- Dehnung der Ferse
- Daumendrucktechnik mit beiden Händen an der Fußsohle
- An den Beinen ziehen
- Füße ausstreichen

Schulter und seitliche Nackenmuskulatur

16:05

Die Schultern sind Kreuzung und Bindeglied zwischen Armen, Hals-Nacken-Bereich und Rücken. In diesem Spannungsdreieck bilden sich häufig schmerzhafte Muskelverhärtungen. Wenn Sie diese Bereiche mit einer einfachen Shiatsu-Massage bearbeiten, lösen Sie die Verspannungen und regen den Energiefluß an. Die Schulter- und seitliche Nackenpartie massieren Sie am besten, wenn die Partnerin

Verspannungen lösen

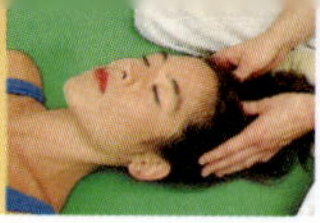

oder der Partner sitzt oder, wie hier gezeigt, auf der Seite liegt. Die Arm- und die Nackenmassage folgen etwas später in der Rückenlage.

Lagerung
Ihre Partnerin oder Ihr Partner liegt auf der Seite, das untere Bein ist gestreckt, das obere zur Stabilisierung gebeugt vor dem Körper abgelegt. Zur weiteren Stabilisierung können Sie ein zusammengerolltes Handtuch vor Bauch und Brust legen. Die untere Schulter ist etwas nach vorne gezogen, der untere Arm liegt gebeugt vor dem Körper. Der Kopf ruht auf einem Kissen, so daß der Hals gerade und gestreckt ist. Sie sitzen im Fersensitz neben dem Gesäß Ihrer Partnerin.

16:10

Dehnen der Schulter

Die Schulter sanft nach unten ziehen

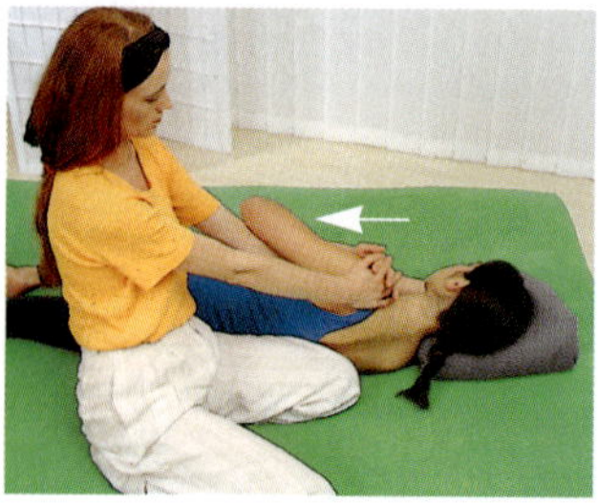

In der Seitenlage dehnen und lockern Sie zunächst die Schulter. Legen Sie den oberen Arm Ihrer Partnerin auf Ihrem Arm ab. Umschließen Sie die Schulter mit beiden Händen, und führen Sie eine leichte Zugbewegung fußwärts durch.

Kreisen der Schulter

16:20

Mit dem Oberkörper kreisen

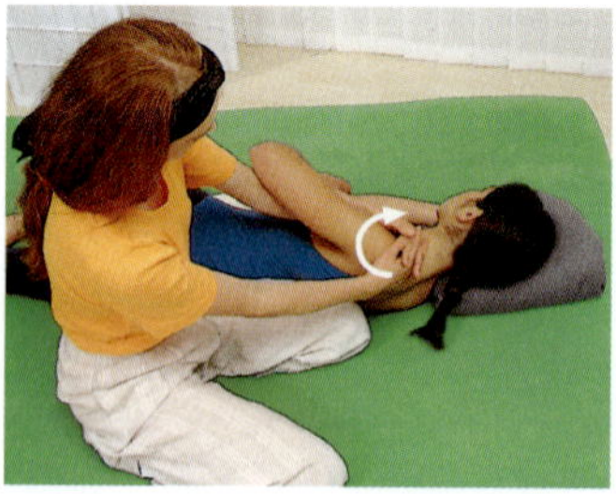

Aus der gleichen Position wie beim Dehnen kreisen Sie das Schultergelenk. Führen Sie große Kreise durch, so daß sich das Schulterblatt mitbewegt. Gehen Sie bei dieser Bewegung mit Ihrem Oberkörper mit.

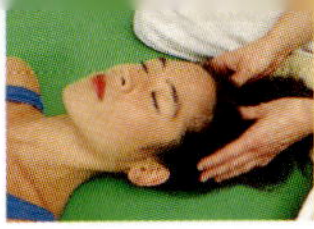

Dehnen und Streichen der seitlichen Nackenmuskulatur

16:40

Erst streichen und danach halten

Nun dehnen Sie sehr sanft die seitliche Nackenmuskulatur. Mit der einen Hand halten Sie weiterhin die Schulter, mit der anderen streichen Sie von der Schulter über den Nacken zum Hinterkopf. Halten Sie mit der Hand am Hinterkopf die leichte Dehnung für einige Sekunden.

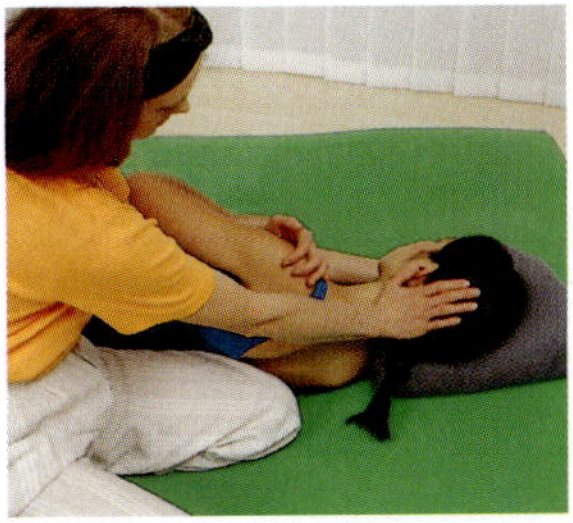

Flügelputzen

Mit den Fingern unter das Schulterblatt gleiten

In der Seitenlage können Sie zusätzlich die Muskeln unter dem Schulterblatt durch „Flügelputzen“ lockern (siehe auch S. 34). Halten Sie mit der einen Hand die vordere Seite der Schulter und gleiten Sie mit den Fingerspitzen der anderen Hand unter das Schulterblatt. Mit dem Ausatmen Ihrer Partnerin bewegen Sie beide Hände aufeinander zu. Dabei gleiten Ihre Finger unter das Schulterblatt und lockern die Muskulatur in diesem Bereich.

Nach dem Flügelputzen behandeln Sie die andere Schulter auf die gleiche Weise.

Leitfaden Massage von Schulter und seitlicher Nackenmuskulatur

- Stabile Lagerung mit geradem Nacken
- Dehnen der Schulter
- Kreisen der Schulter
- Dehnen und Streichen der seitlichen Nackenmuskulatur
- Flügelputzen

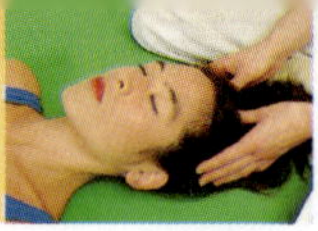

17:15

Bauchmassage

Dem Bauch wird in der westlich geprägten Gesellschaft relativ wenig Bedeutung beigemessen. Während er nach westlicher Anschauung „nur“ die Verdauungsorgane beherbergt, hat er in der fernöstlichen Philosophie eine viel tiefere Bedeutung. Der Bauch oder das Hara wird dort als Sitz der Lebensenergie Ki angesehen; ein gesundes Hara ist die Voraussetzung für Gesundheit im ganzen Körper (siehe auch S. 17). Mit der hier gezeigten Hara-Massage regen Sie die Lebensenergie an.

Das Hara massieren

Lagerung

Die Bauch- oder Haramassage führen Sie in der Rückenlage durch. Um die Bauchmuskeln zu entspannen, unterlagern Sie die Knie Ihrer Partnerin oder Ihres Partners mit einer zusammengerollten Decke. Der Kopf ruht auf einem flachen Kissen.

Hinweis:
Der Bauch ist bei den meisten Menschen sehr empfindlich, gehen Sie also bei der Hara-Massage, insbesondere bei bestehender Schwangerschaft oder wenn Unterleibsbeschwerden vorliegen, sehr behutsam vor.

17:30

Kontaktaufnahme

Nehmen Sie zunächst Kontakt zu Ihrer Partnerin auf. Legen Sie eine Hand direkt auf den Bauch, das Hara, und verweilen Sie mit ihr dort einige Augenblicke.

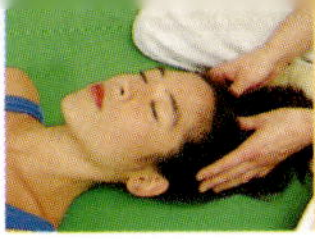

Kreisförmige Streichungen

17:40

Legen Sie nun beide Hände flach auf den Bauch und führen Sie mit ihnen langsame, kreisende Streichungen im Uhrzeigersinn aus. Die Kreise können allmählich größer werden.

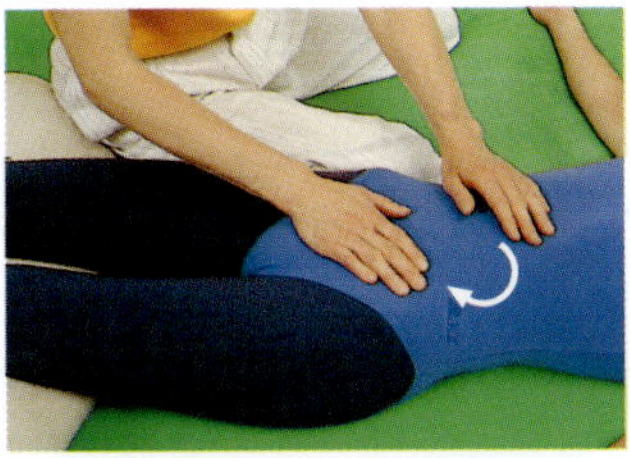

In Kreisen über das Hara streichen

Katzenpfötchen

18:00

Als nächstes wandern Sie mit den Fingerspitzen wie mit Katzenpfötchen ein- bis zweimal im Uhrzeigersinn um den Bauchnabel.

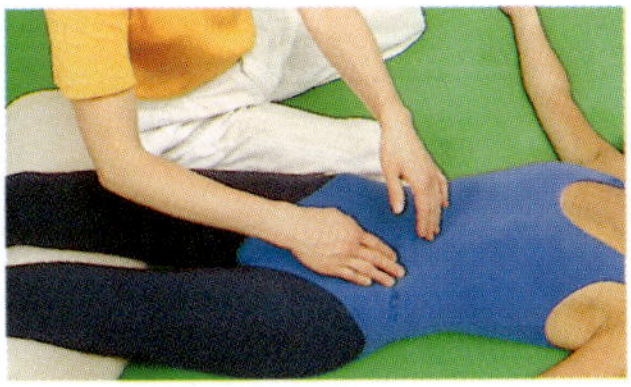

Um den Bauchnabel wandern

Atmung vertiefen

18:15

Legen Sie zunächst eine Hand auf den Unter- und die andere auf den Oberbauch. Gleiten Sie dann mit der oberen Hand Schritt für Schritt vom Oberbauch über das Brustbein bis zum Halsansatz. Mit jeder Einatmung versetzen Sie die Hand ein Stück weiter nach oben, während der Ausatmung bleibt die Hand liegen. Diese Übung wirkt beruhigend, Sie vertiefen damit die Atmung Ihrer Partnerin.

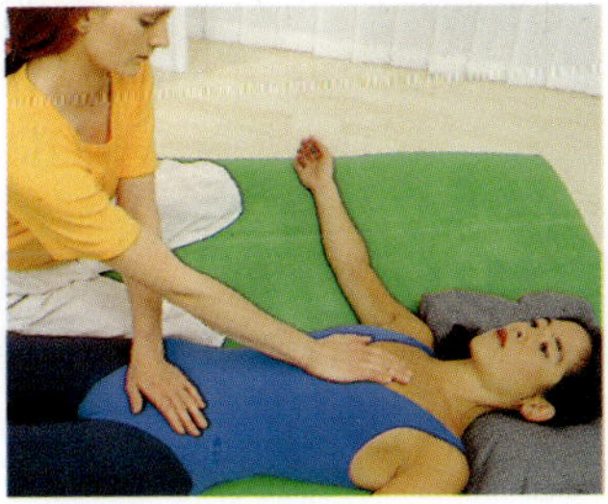

Ohne Druck die Hände auflegen

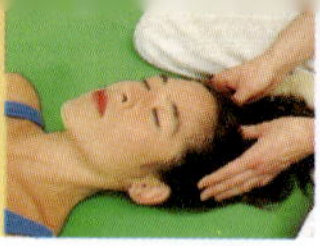

18:40

Abschied nehmen

Ausstreichen und die Hände ruhen lassen

Streichen Sie zum Abschluß einige Male sanft und langsam Hand über Hand, d.h. mit beiden Händen abwechselnd, vom Brustkorb zum Bauch hin aus. Lassen Sie beide Hände noch kurz auf dem Bauch ruhen, bevor Sie den Kontakt aufheben.

Leitfaden Bauchmassage
- Lagerung mit entspannten Bauchmuskeln
- Kontaktaufnahme
- Kreisförmige Streichungen
- Katzenpfötchen
- Atmung vertiefen
- Abschied nehmen

19:00

Armmassage

Während die Beine Standfestigkeit vermitteln und für die Fortbewegung verantwortlich sind, dienen die Arme der Kommunikation. Sie gestikulieren, empfangen und umarmen. Der Aktionsradius der Arme ist bedeutend größer als der der Beine. Entlang der Arme verlaufen wie auch an den Beinen sechs Meridiane. Um die Arme massieren zu können, muß die Partnerin oder der Partner „loslassen“. Loslassen bedeutet entspannen, locker lassen, passiv werden. Dies fällt vielen Menschen sehr schwer. Als Einleitung der Armmassage und zum Lockern bieten sich daher passive, vom Massierenden geführte Bewegungen der Arme an.

19:10

Lockern

Führen Sie zum Lockern leichte, langsame Schüttelungen des Armes durch. Sie selbst sitzen dazu im Fersensitz neben Ihrer Partnerin. Legen Sie eine Hand an das Schultergelenk,

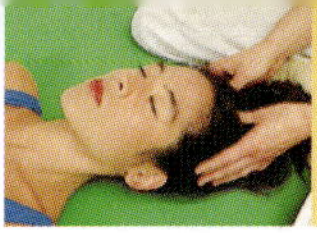

und heben Sie mit der anderen den Arm der Partnerin am Handgelenk so an, daß er im Ellenbogen gebeugt ist und sich im Schultergelenk frei und locker bewegen läßt. Bewegen Sie den Arm nun mit leichten Schaukelbewegungen vor und zurück (siehe auch S. 38). Ihre Partnerin sollte die passive Bewegung ihres Armes bewußt zulassen.

Kreisen

19:20

Strecken und kreisen Sie anschließend den Arm. Fassen Sie ihn dazu am Handgelenk und führen Sie ihn zunächst über den Kopf Ihrer Partnerin hinaus gestreckt von sich weg. Anschließend führen Sie ihn, im Ellenbogengelenk gebeugt, wieder zu sich her (der Ellenbogen beschreibt so einen Kreis). Eine Hand bleibt dabei immer am Schultergelenk. Wiederholen Sie diese Übung mehrmals.

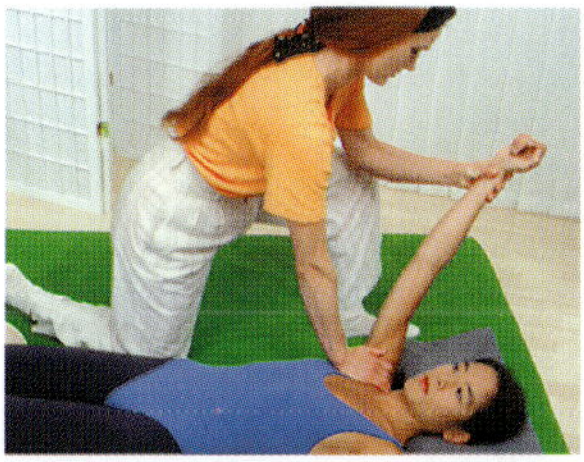

Den Arm durch Kreisen lockern

Handballendrucktechnik

19:35

Legen Sie den Arm nun mit der Handfläche nach oben im rechten Winkel vom Körper weg zur Seite, und massieren Sie mit Handballendrucktechnik die Arminnenseite: Die aktive Hand wandert von der Schulter mit sanftem Druck den Arm entlang, die passive Hand ruht derweil auf dem Handgelenk. Die Ellenbogenregion ist empfindlich, sparen Sie daher die Ellenbeuge aus.

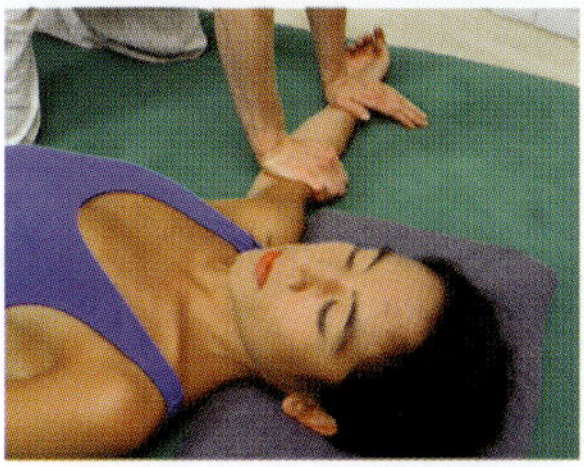

Schritt für Schritt den Arm entlang wandern

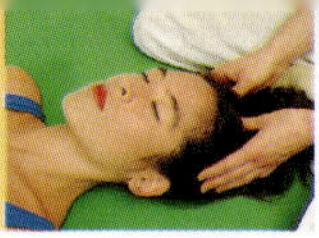

20:10

Daumendrucktechnik

Punkt für Punkt Druck mit dem Daumen ausüben

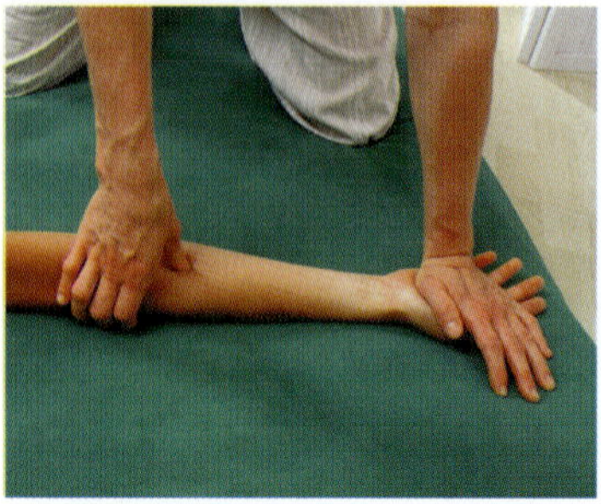

Wandern Sie nun wie vorher mit dem Handballen mit der Daumendrucktechnik auf der Mittellinie von der Schulter zur Handfläche. Ihre zweite Hand ruht am Handgelenk. Sparen Sie die Ellenbeuge auch hier aus.

Leitfaden Armmassage
- Lockern
- Kreisen
- Handballendrucktechnik
- Daumendrucktechnik

20:55

Handmassage

Die Hände, unsere wichtigsten Werkzeuge

Die Hände sind unsere wichtigsten Werkzeuge. Ihre Aufgaben lassen sich mit Geben, Empfangen und Tun beschreiben. Ohne ihre differenzierten Bewegungsmöglichkeiten wäre die Zivilisation des Menschen, d.h. wissenschaftlicher und technischer Fortschritt, nicht vorstellbar.
Auf den Händen liegen wie auf den Füßen viele Reflexzonen, die mit anderen Teilen des Körpers in Verbindung stehen. An den Fingerspitzen beginnen und enden jeweils drei Meridiane. Shiatsu-Massage an der Hand kann daher, wie auch am Fuß, ein sehr intensives Erlebnis sein.

Lagerung

Die Partnerin oder der Partner liegt wie bei der Armmassage auf dem Rücken. Sie können die Handmassage aber auch als Einzelmassage im Sitzen durchführen. Nehmen Sie die Hand Ihrer Partnerin in beide Hände.

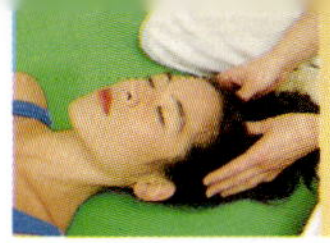

Ausstreichungen der Handfläche und der Finger

20:55

Beginnen Sie mit einigen Ausstreichungen der Handfläche und der Finger: Mit der einen Hand halten Sie die Hand Ihrer Partnerin oder Ihres Partners, mit der anderen führen Sie zunächst Ausstreichungen der ganzen Hand durch. Streichen Sie anschließend jeden Finger einzeln zwischen Daumen und Zeigefinger vom Grundgelenk bis zur Fingerspitze aus.

Sanft die Handfläche ausstreichen

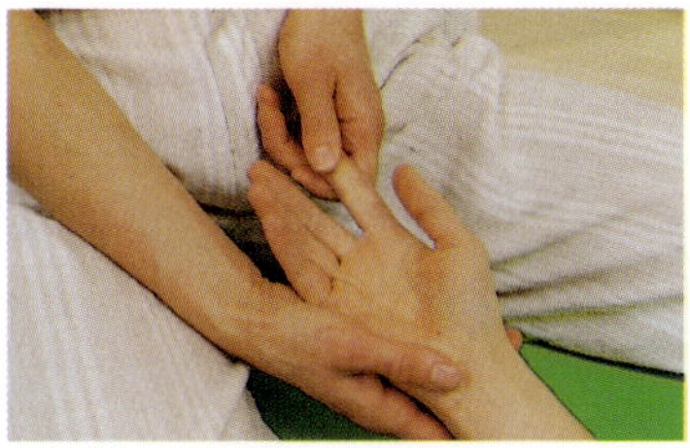

Die Finger ausstreichen

Fingerziehen

21:45

Fassen Sie mit Daumen und Zeigefinger der einen Hand jeweils ein Fingergrundgelenk, und ziehen Sie mit der anderen Hand leicht an jedem Fingerglied. Verfahren Sie so mit jedem einzelnen Finger.

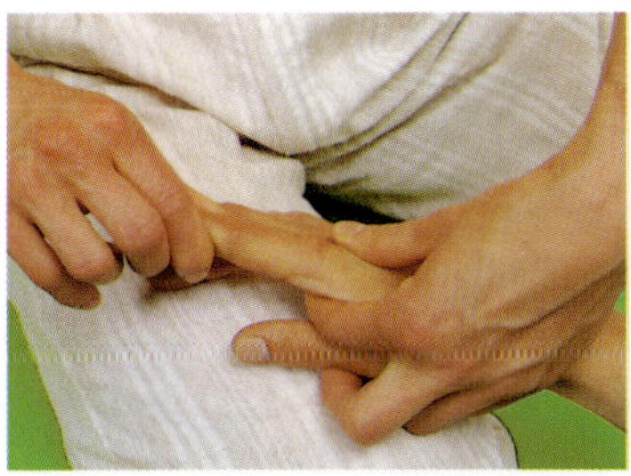

An jedem Finger leicht ziehen

Daumendrucktechnik am Handrücken

21:45

Drücken Sie nun mit dem Daumen sanft punktweise in die Räume zwischen den Mittelhandknochen auf dem Handrücken. Bei dieser Technik können Sie die Daumen leicht anwinkeln, um zwischen die Handknochen zu gelangen.

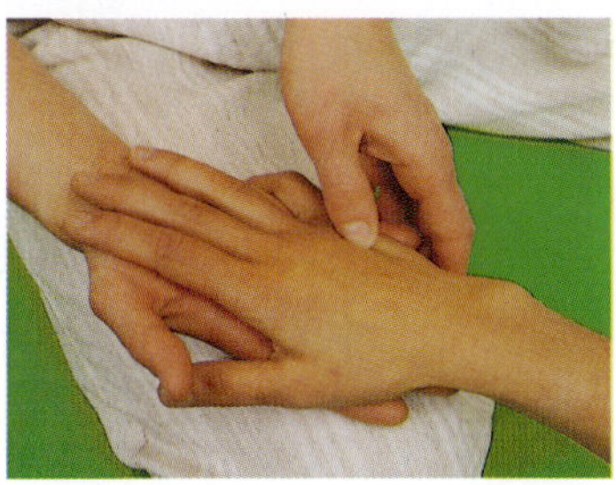

In die Räume zwischen den Handknochen drücken

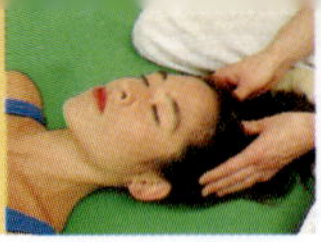

22:10

Handfläche dehnen

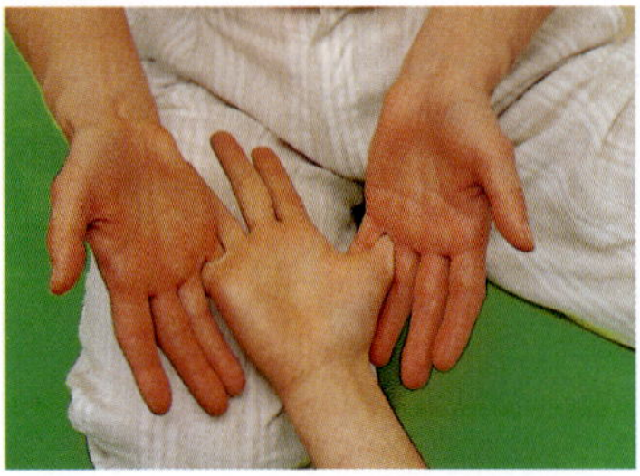

Die Hände „einfädeln" …

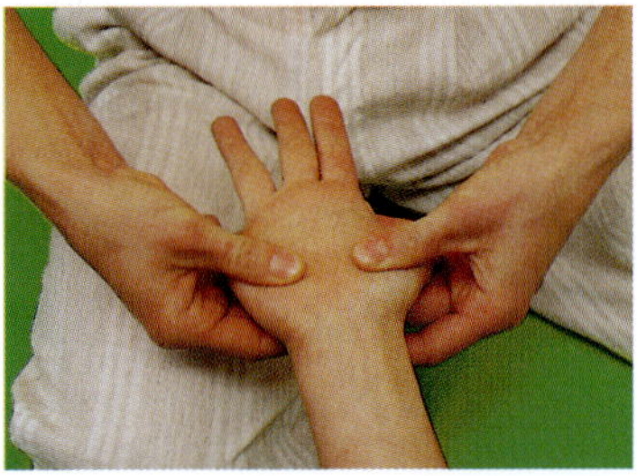

… und mit den Daumen nach außen streichen

Drehen Sie nun wieder die Handfläche nach oben, und verhaken Sie den kleinen Finger Ihrer einen Hand in den Zwischenraum zwischen Daumen und Zeigefinger Ihrer Partnerin und den anderen kleinen Finger in den Zwischenraum zwischen kleinem und Ringfinger.

Ihre Zeige-, Mittel- und Ringfinger üben nun Druck auf den Handrücken Ihrer Partnerin aus, während Ihre Daumen von der Mitte der Handfläche mit etwas Druck nach außen streichen. So dehnen Sie sanft die Handfläche. Lassen Sie Ihre Daumen am Handgelenk beginnen und mit jeder Streichung ein Stück zu den Fingergrundgelenken wandern.

22:45

Ausstreichungen

Zum Schluß streichen Sie wie zu Beginn die Handinnen- und -außenseite noch einige Male mit der flachen Hand aus.

Leitfaden Handmassage

- Ausstreichungen der Handfläche und der Finger
- Fingerziehen
- Daumendrucktechnik am Handrücken
- Handfläche dehnen
- Ausstreichungen der Hand

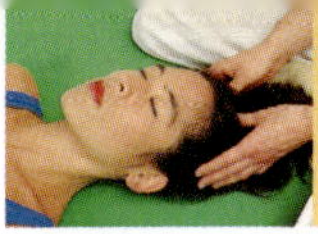

Nackenmassage

23:05

Der Nacken ist das Bindeglied zwischen Kopf und Rücken. Die Halswirbelsäule, die Kopf und Rücken verbindet, ermöglicht dem Kopf einen großen Bewegungsspielraum. Fehlhaltungen, aber auch psychische Belastungen („Der Schreck sitzt einem im Nacken“) und viele andere Ursachen können schmerzhafte Muskelverspannungen zur Folge haben, die diesen Spielraum enorm einschränken können. Schmerzen in der Nackenregion sind, fast wie Zahnschmerzen, bei jeder kleinsten Bewegung gegenwärtig. Mit einer sehr einfachen Shiatsu-Massage lockern Sie die Muskulatur, regen den Energiefluß an und vermitteln ein Gefühl der Leichtigkeit.

Ein steifer, verspannter Nacken schmerzt

Lagerung

Ihre Partnerin oder Ihr Partner befindet sich weiterhin in Rückenlage, entfernen Sie jedoch das Kissen unter dem Kopf. Setzen Sie sich im Fersensitz ans Kopfende.

Kopf in beide Hände nehmen

23:10

Legen Sie Ihre Hände unter den Hinterkopf Ihrer Partnerin, indem Sie den Kopf vorsichtig erst zur einen und dann zur anderen Seite rollen. Lassen Sie den Kopf zunächst in Ihren Händen ruhen.

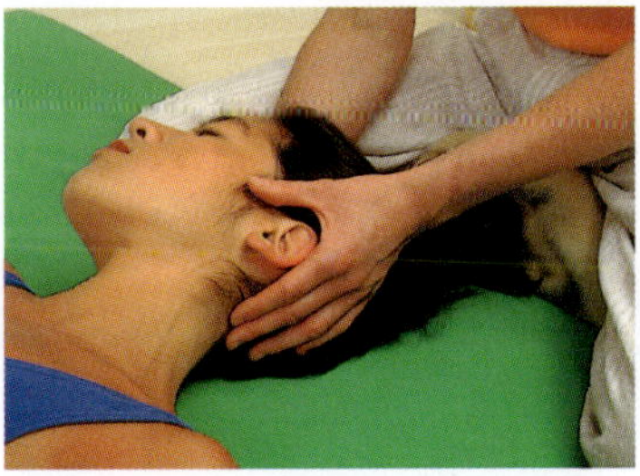

Zweihändige Ausstreichungen

23:15

Streichen Sie nun mit beiden Händen mehrmals flächig von der Nackenpartie zum Hinterkopf hin aus.

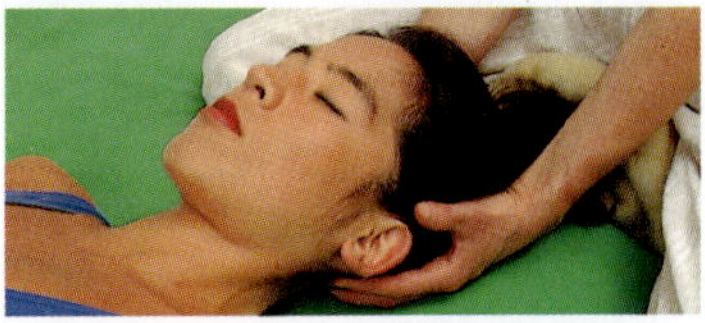

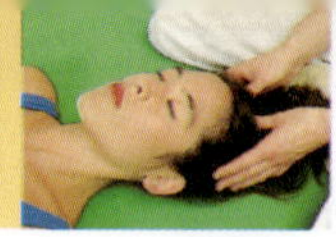

23:40

Einhändige Ausstreichungen

Über Nacken und Hinterkopf streichen

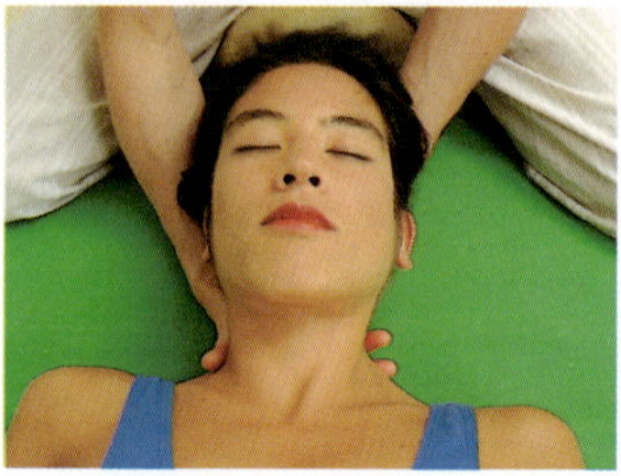

Nehmen Sie den Nacken in eine Hand, und führen Sie einige einhändige Ausstreichungen Hand über Hand, d.h. mit beiden Händen abwechselnd, durch. Dabei können Sie einen leichten Zug ausüben.

Leitfaden Nackenmassage

- Rückenlage ohne Kopfkissen
- Kopf in beide Hände nehmen
- Zweihändige Ausstreichungen
- Einhändige Ausstreichungen

23:55

Kopf- und Gesichtsmassage

Den Energiefluß harmonisieren

Der schönste und entspannendste Teil der Shiatsu-Massage ist für viele Menschen die Behandlung von Kopf und Gesicht. Viele Meridiane haben eine Beziehung zu Kopf und Gesicht, Shiatsu harmonisiert und reguliert den Energiefluß in diesen Meridianen. Ein schöner Nebeneffekt: Die Massage des Gesichts beseitigt Verspannungen der Gesichtsmuskeln und verleiht ein schönes und entspanntes Aussehen.

Lagerung

Ihre Partnerin oder Ihr Partner liegt wie bei der Massage der hinteren Nackenmuskulatur auf dem Rücken, der Kopf liegt ohne Kopfkissen direkt auf der Unterlage. Setzen Sie sich im Fersensitz ans Kopfende. Nehmen Sie sich für die Kopf- und Gesichtsmassage viel Zeit.

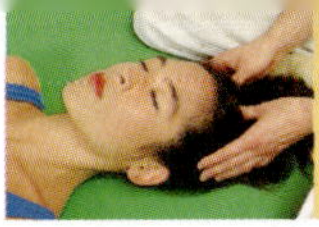

Daumendrucktechnik – Blasen-Meridian

24:05

Legen Sie die Daumen beider Hände etwa zwei Zentimeter beidseits der Scheitel-Mittellinie des Kopfes am vorderen Haaransatz auf, und wandern Sie mit Daumendruck auf dem Blasen-Meridian bis zum Hinterkopf.

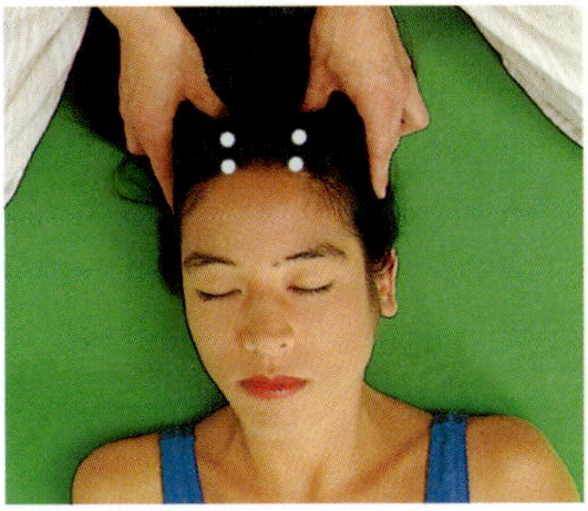

Punktweiser Druck auf den Blasen-Meridian ...

Daumendrucktechnik – Scheitel-Mittellinie

24:30

Anschließend massieren Sie Punkte auf der Mittellinie des Kopfes mit übereinandergelegten Daumen. Wandern Sie auch hier vom vorderen Haaransatz zum Hinterkopf.

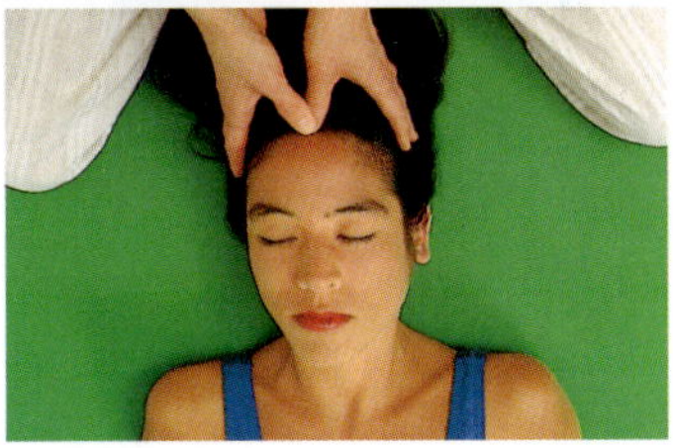

... und auf die Scheitel-Mittellinie

Streichungen im Gesicht

24:45

Massieren Sie das Gesicht zuerst mit sanften Streichungen mit den Daumen. Beginnen Sie auf der Stirn: Legen Sie die Daumen auf der Mitte der Stirn auf und führen Sie sie mit ganz sanftem Druck nach außen zu den Schläfen.

Behandeln Sie so Partie für Partie des Gesichts: die Augenbrauen, die Regionen unterhalb der Augen und unterhalb des Jochbeins, die Oberkiefer- und zuletzt die Kinnregion.

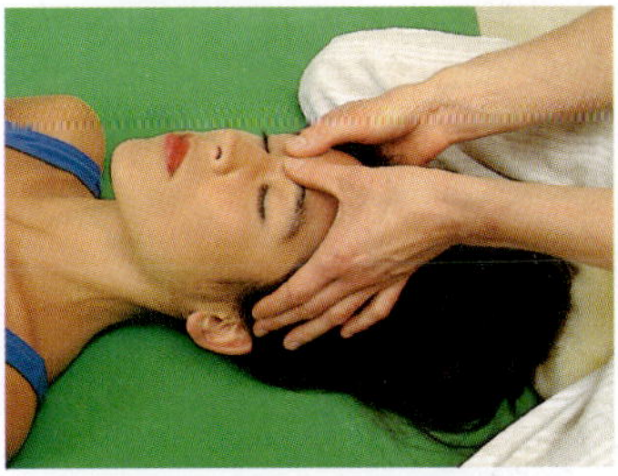

Die Daumen streichen nach außen: über die Stirn ...

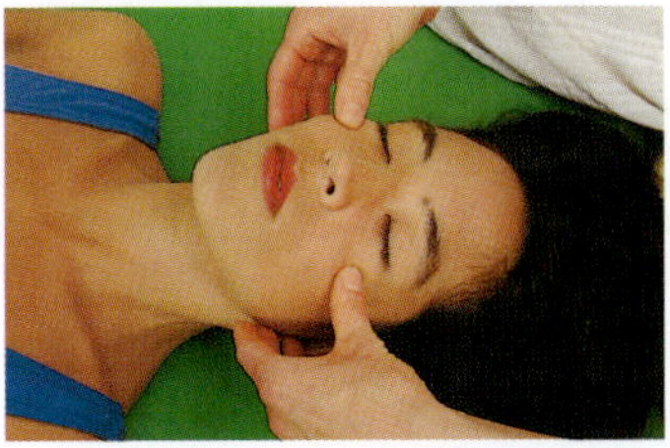

... und über die Wangen

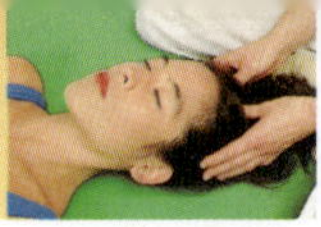

23:25

Zweihändige Daumendrucktechnik im Gesicht

Punktweiser Druck mit den Daumen ...

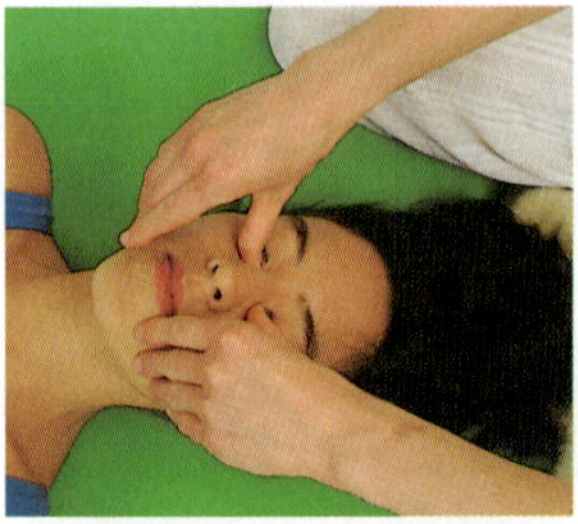

... oder mit den Fingerspitzen

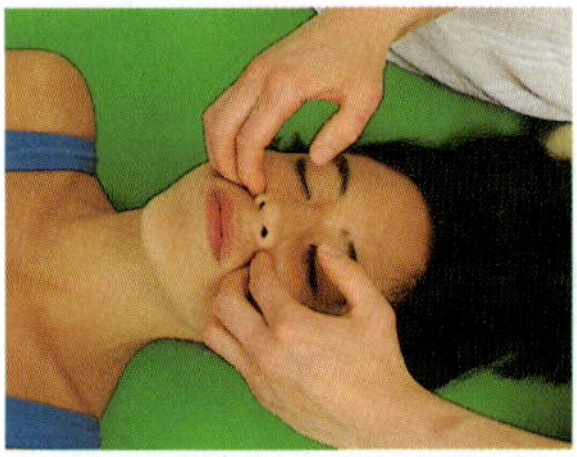

Nach den Ausstreichungen führen Sie eine Druckmassage mit den Daumen durch. Wandern Sie Punkt für Punkt auf den gleichen Linien wie bei den Streichungen von der Mitte nach außen: über die Augenbrauen, in der Region unterhalb der Augen, unterhalb des Jochbeins, auf dem Oberkiefer und dem Kinn.

Unterhalb des Jochbeins können Sie den Druck statt mit den Daumen auch mit den aneinandergelegten Fingerspitzen ausführen.

26:40

Hände auf die Ohren legen

Die Entspannung vertiefen

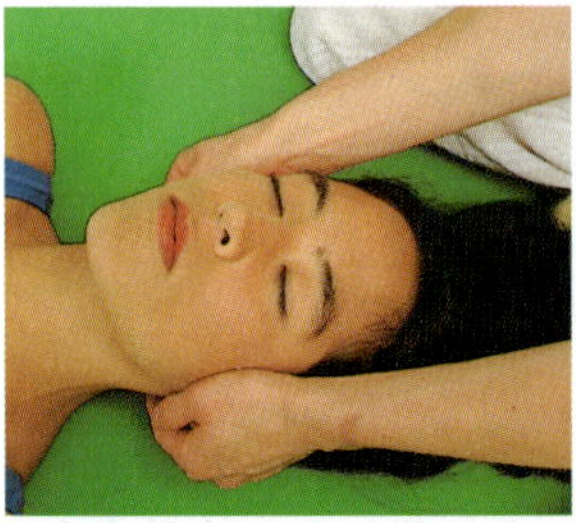

Legen Sie zum Abschluß der Kopf- und Gesichtsmassage noch beide Handflächen auf die Ohren Ihrer Partnerin. Sie vertiefen damit die entspannende Wirkung der Gesichtsmassage. Entfernen Sie dann die Hände sehr langsam.

Leitfaden Kopf- und Gesichtsmassage

- Rückenlage ohne Kopfkissen
- Daumendrucktechnik – Blasen-Meridian
- Daumendrucktechnik – Scheitel-Mittellinie
- Streichungen im Gesicht
- Zweihändige Daumendrucktechnik im Gesicht
- Hände auf die Ohren legen

Abschluß der Massage

27:00

Beenden Sie die Massage mit dem Auflegen der Hände auf den Bauch der Partnerin. Lassen Sie die Hände dort einige Atemzüge verweilen.

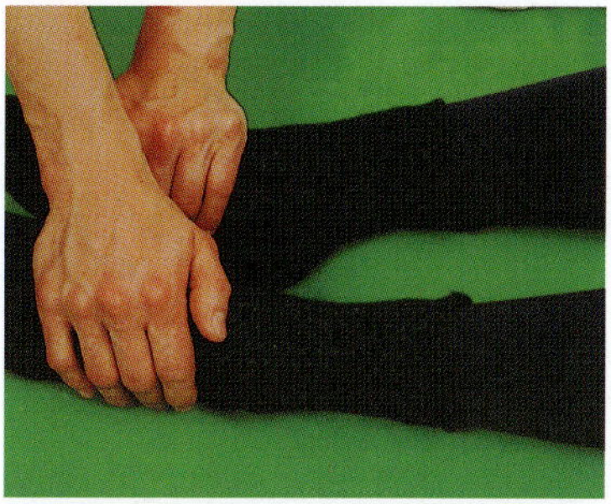

Abschließend legen Sie Ihre Hände noch auf die Fußrücken und verabschieden sich damit.

Zum Abschluß die Hände auf die Fußrücken legen

Shiatsu führt zu einem Zustand angenehmer und tiefer Entspannung. Geben Sie Ihrer Partnerin oder Ihrem Partner jetzt noch Zeit, dieses wunderbare Gefühl zu genießen. Nach einer Ganzkörperbehandlung sollte eine Nachruhezeit von zehn bis fünfzehn Minuten eingehalten werden. Wichtig: Um Frieren oder Frösteln zu vermeiden, decken Sie sie oder ihn mit einer Wolldecke zu. Das tief entspannte Gefühl kann die Nachruhezeit auch spürbar überdauern. Teilen Sie dies der oder dem Shiatsu-Empfangenden mit, vor allem, daß sie oder er nach der Behandlung besonders achtsam im Straßenverkehr und bei den übrigen Verrichtungen des Tages sein sollte. Desweiteren erinnern Sie daran, daß auch der Körper auf die Shiatsu -Massage reagieren könnte. Mögliche Reaktionen können tiefe Müdigkeit, Unruhe oder körperliche Anzeichen wie Fieber, leichter Schüttelfrost oder sogar Durchfall sein. Diese Reaktionen sind positive Zeichen und zeigen, daß der Körper auf das empfangene Shiatsu anspricht; sie gehen von selbst vorüber.

Nachruhen und auf körperliche Reaktionen achten

Befragen Sie Ihre Partnerin oder Ihren Partner vor der nächsten Shiatsu-Massage eingehend, wie sie oder er die Behandlung empfunden hat, oder ob etwas Außergewöhnliches aufgetreten ist, was in Verbindung mit der Massage stehen könnte.

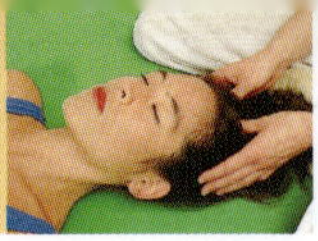

Leitfaden Abschluß der Massage

- Hände auf dem Bauch ruhen lassen
- Hände auf die Fußrücken legen
- Zeit zum Ausruhen geben (warm zudecken)
- Auf mögliche Einschränkungen der Reaktionsfähigkeit hinweisen
- Auf mögliche seelische und körperliche Reaktionen hinweisen

Zusammenfassung: Massage

- Rückenmassage (S. 40)
- Techniken am Kreuzbein (S. 43)
- Beinmassage (S. 45)
- Schulter und seitliche Nackenmuskulatur (S. 49)
- Bauchmassage (S. 52)
- Armmassage (S. 54)
- Handmassage (S. 56)
- Nackenmassage (S. 59)
- Kopf- und Gesichtsmassage (S. 60)
- Abschluß (S. 63)

Anwendungen

27:35

Hara-Massage bei Erschöpfung

28:00

Eine Hara- (oder Bauch-) Massage ist eine angenehme und entspannende Möglichkeit, Erschöpfungszustände zu überwinden. Die Hara-Massage ist einfach durchführbar, Ihre Partnerin liegt dafür auf dem Rücken (siehe auch S. 24).

Atemrhythmus erspüren

Legen Sie zunächst eine Hand auf den Bauch, und beschweren Sie sie dann mit der anderen Hand. Spüren Sie sich mit beiden Händen in den Atemrhythmus der Partnerin ein.

Mit den Händen auf dem Hara ruhen

Um den Bauchnabel wandern

Wandern Sie mit beiden übereinandergelegten Händen im Uhrzeigersinn rund um den Bauchnabel. Versetzen Sie Ihre Hände dazu jeweils mit dem Einatmen ein Stück weiter, und lassen Sie sie beim Ausatmen ruhen.

Kreisförmige Streichungen

Legen Sie nun beide Hände flach auf den Bauch, und führen Sie im Uhrzeigersinn mit beiden Händen sanfte, kreisende Streichungen durch.

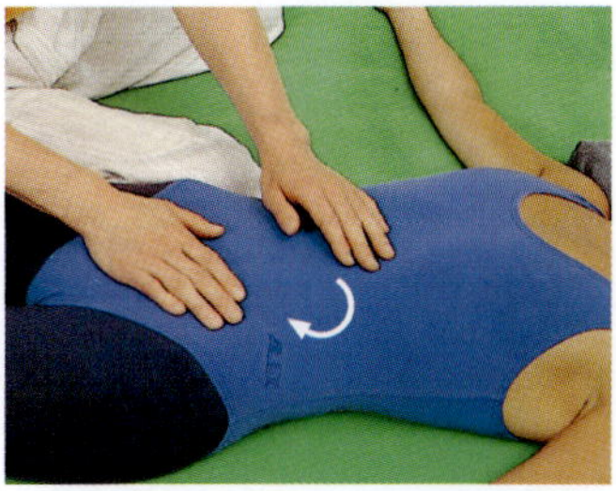

Sanft in Kreisen über das Hara streichen

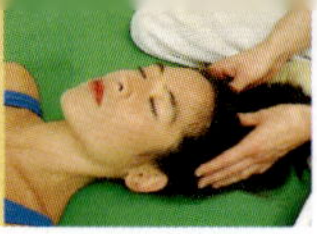

Druck mit den Handballen

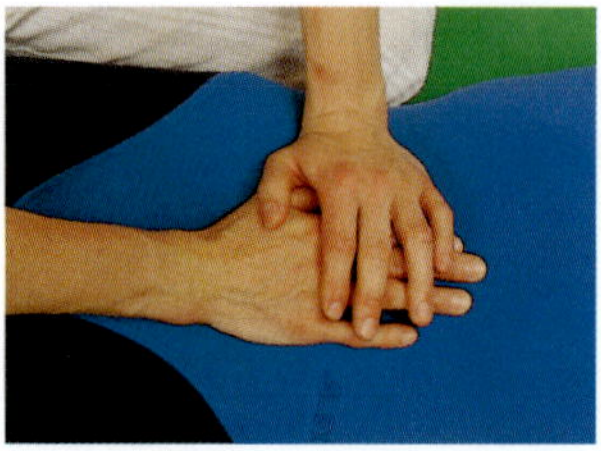

Die Hände im Uhrzeigersinn versetzen

Beide Hände ruhen nun halb übereinandergelegt auf dem Bauchnabel. Üben Sie über die Handballen einen sehr sanften Druck auf den Bauch aus. Versetzen Sie dabei im Uhrzeigersinn die Richtung Ihrer Hände.

Katzenpfötchen

Wandern Sie mit den Fingerspitzen wie mit Katzenpfötchen im Uhrzeigersinn um den Bauchnabel (siehe S. 53).

Ausstreichungen

Streichen Sie mit beiden Händen abwechselnd von oben nach unten auf der Mittellinie der Brust und des Bauchs zum Bauchnabel hin aus (siehe S. 54).

Bauch zwischen die Hände nehmen

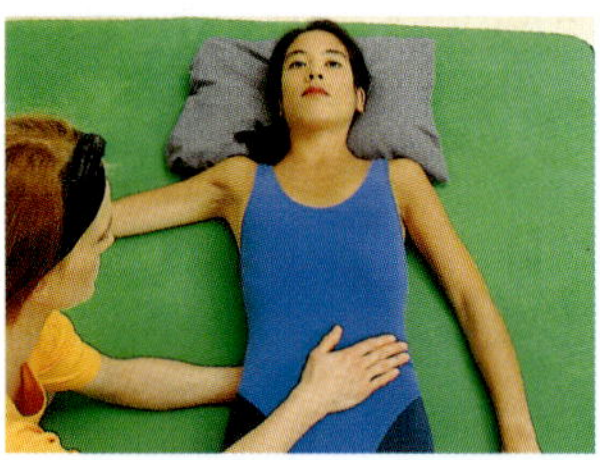

Die Atmung erspüren

Schieben Sie anschließend eine Hand unter den Rücken, die andere Hand bleibt in der Höhe des Bauchnabels liegen. Erspüren Sie über mehrere Atemzyklen hinweg den Bauch zwischen Ihren Händen.

Um den Bauchnabel kreisen

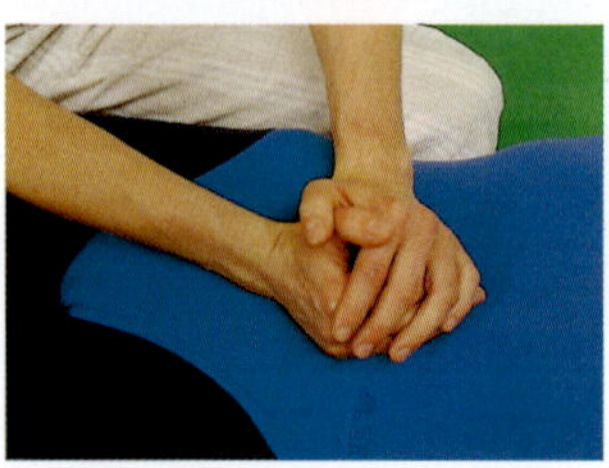

Falten Sie die Hände locker, und kreisen Sie über die Handaußenkanten im Uhrzeigersinn um den Bauchnabel herum.

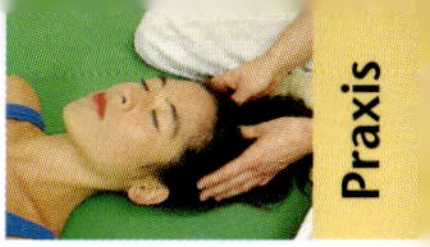

Abschied nehmen
Zum Abschluß verweilen Sie noch eine Zeitlang ruhig mit beiden Händen auf der Bauchdecke.

Leitfaden Hara-Massage bei Erschöpfung
- Atemrhythmus erspüren
- Um den Bauchnabel wandern
- Kreisförmige Streichungen
- Druck mit den Handballen
- Katzenpfötchen
- Ausstreichungen
- Bauch zwischen die Hände nehmen
- Um den Bauchnabel kreisen
- Abschied nehmen

Selbstmassage bei Kopfschmerzen

30:00

Kopfschmerzen werden häufig durch Verspannungen der Nacken- und Halsmuskeln ausgelöst. Durch eine einfache Selbstmassage können Sie sich Linderung verschaffen. Stellen oder setzen Sie sich aufrecht hin, und halten Sie Ihren Rücken gerade. Spüren Sie sich in Ihren Atemrhythmus hinein, atmen Sie ruhig und gleichmäßig aus dem Bauch heraus.

Ausstreichungen am Nacken
Streichen Sie mehrmals ruhig und kräftig am Hinterkopf beginnend mit beiden Händen die Nackenpartien aus.

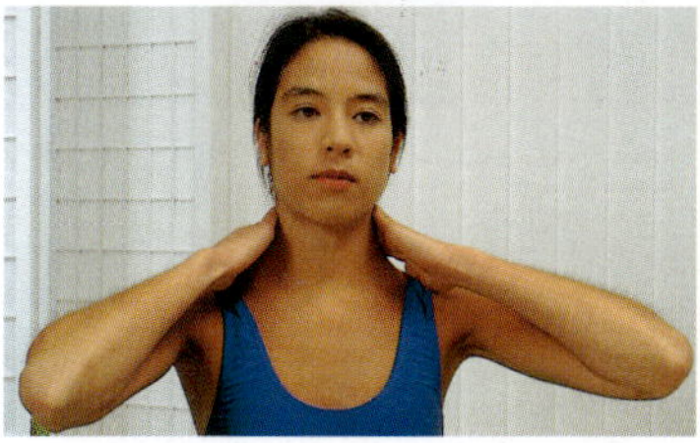

Über Nacken und Schultern streichen

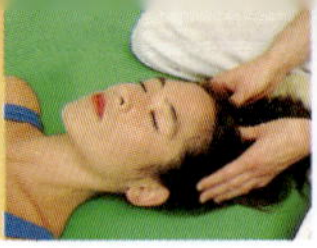

Kneten der Schultermuskeln

Kneten Sie dann flächig mit der jeweils gegenüberliegenden Hand Ihre Schultermuskulatur. Wandern Sie vom Halsansatz über die Schulter zum Oberarm. Wiederholen Sie dies mehrmals, und massieren Sie in der gleichen Weise auch die andere Seite.

Daumendrucktechnik am Hinterkopf

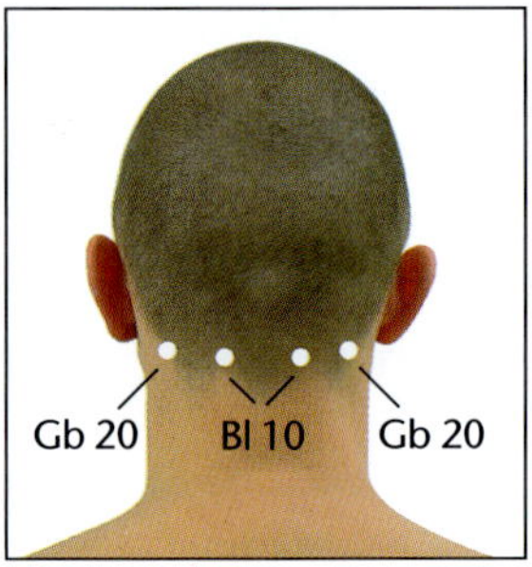

Die Punkte „Blase 10" und „Gallenblase 20"

Suchen Sie sich am Hinterkopf beidseits mit Ihren Fingerspitzen den Unterrand des tastbaren Schädelknochens. Ertasten Sie dann mit Ihren Daumen empfindliche Stellen unterhalb des Knochenrands: Beidseits der Mittellinie befinden sich Druckpunkte für den Blasen-Meridian (Punkt „Blase 10") und etwas weiter nach außen Druckpunkte für den Gallenblasen-Meridian (Punkt „Gallenblase 20").

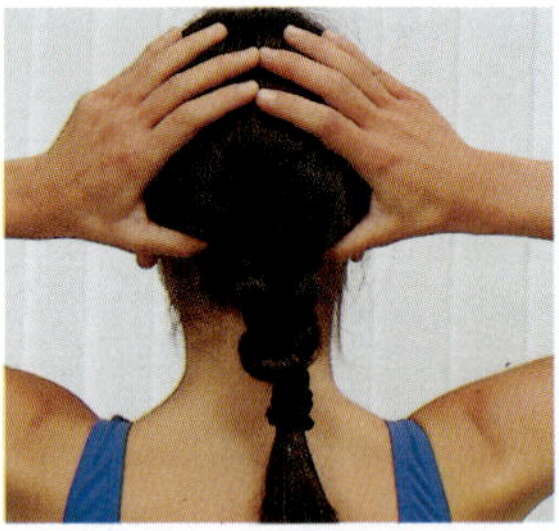

Üben Sie Druck auf die einzelnen Punkte aus, indem Sie Ihren Kopf zurück auf die Daumen beugen. Halten Sie den Druck mit zurückgebeugtem Kopf über einen Atemzyklus und wiederholen Sie dies mehrmals.

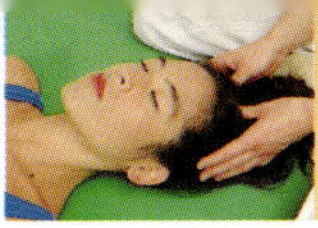

Drucktechnik im Gesicht

Auch im Gesicht finden Sie einige wirksame Druckpunkte. In Höhe der Nasenflügel, senkrecht unterhalb der Pupille liegt der Punkt „Magen 3" auf dem Magen-Meridian. Üben Sie mit den Mittelfingern leichten Druck auf ihn aus.

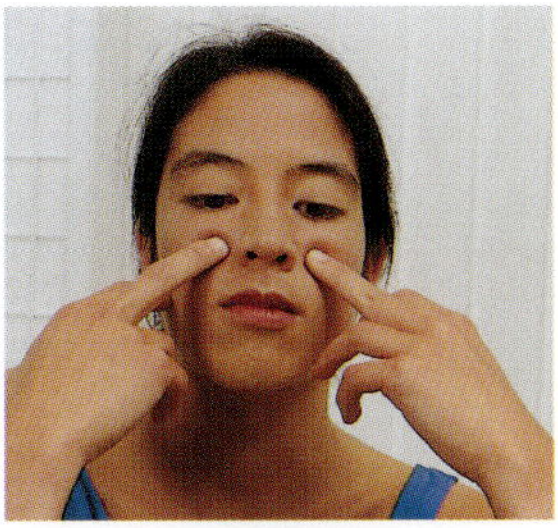

„Magen 3" drücken

Legen Sie die Mittelfinger Ihrer flach zusammengelegten Hände auf den Punkt zwischen den Augenbrauen und üben Sie Druck aus. Versuchen Sie, sich dabei innerlich zu entspannen und ruhig zu atmen.

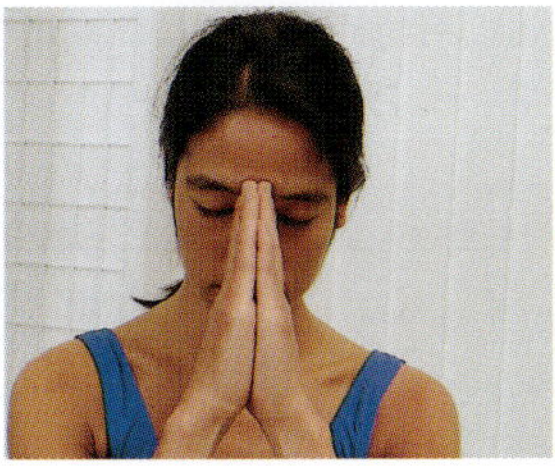

Drucktechnik an der Hand

Ein weiterer gegen Kopfschmerzen wirksamer Punkt („Dickdarm 4") befindet sich an der Hand. Sie finden ihn auf der höchsten Stelle des Muskelwulstes, der gebildet wird, wenn Sie Daumen und Zeigefinger aneinanderlegen. Pressen Sie diesen Punkt so stark, wie es Ihnen noch angenehm ist.

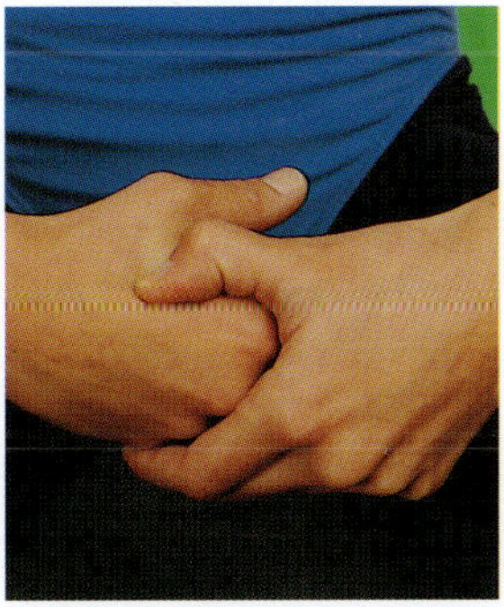

„Dickdarm 4" drücken

Punktmassage auf dem Fußrücken

Auch die Behandlung des Punkts „Leber 3" auf dem Fußrücken hat unter anderem eine entspannende Wirkung. Sie können ihn mit Ihrer Ferse massieren.

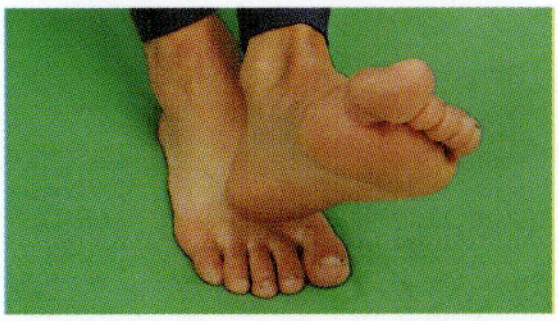

„Leber 3" massieren

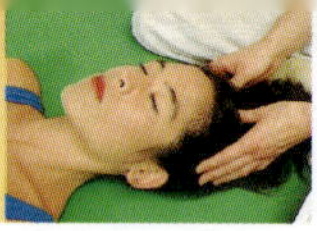

Kreisungen und Streichungen an der Schläfe

Sanft kreisen und streichen

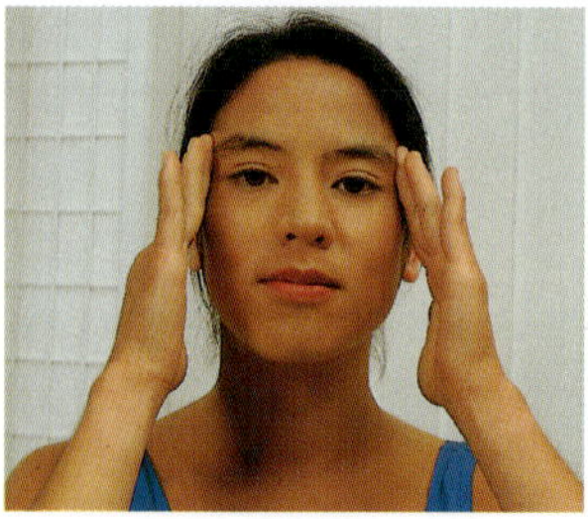

Das Kreisen und Ausstreichen mit den Fingern an den Schläfen wirkt wohltuend und entspannend. Legen Sie Zeige-, Mittel- und Ringfinger beidseits an die Schläfen und üben Sie zuerst in kreisenden Bewegungen sanften Druck aus. Streichen Sie dann mit aneinandergelegten Fingern an den Schläfen von oben nach unten aus. Drücken Sie so kräftig, wie es Ihnen angenehm ist.

Leitfaden Selbstmassage bei Kopfschmerzen
- Ausstreichungen am Nacken
- Kneten der Schultermuskeln
- Daumendrucktechnik am Hinterkopf
- Drucktechnik im Gesicht
- Drucktechnik an der Hand
- Punktmassage auf dem Fußrücken
- Kreisungen und Streichungen an der Schläfe

32:20

Massage bei Menstruationsbeschwerden

Auch bei Menstruationsbeschwerden bietet Shiatsu einige Linderungsmöglichkeiten. Sie können eine betroffene Partnerin massieren oder sich selbst helfen (siehe S. 75).

Beckenschaukel

Das Becken hin und her schaukeln

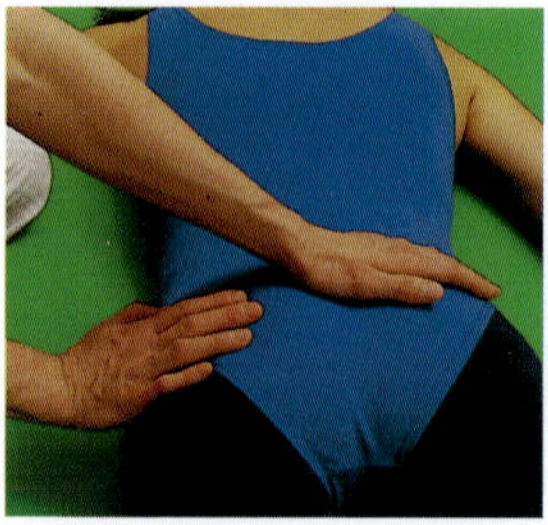

Ihre Partnerin befindet sich zunächst in Bauchlage. Schaukeln Sie in dieser Position sanft das Becken: Eine Hand legen Sie seitlich an die Hüfte, die andere liegt zuerst auf dem Kreuzbein und kann dann beim Schaukeln auf dem Rücken auf und ab wandern.

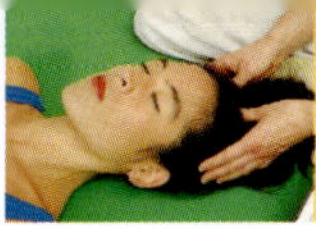

Dehnung des Rückens

Nun dehnen Sie den Rücken: Die eine Hand ruht auf dem Kreuzbein, die andere zwischen den Schulterblättern auf der Wirbelsäule. Die Dehnung erfolgt, indem Sie sanft Gewicht auf Ihre Handballen verlagern und die Arme dabei leicht nach außen drücken. Wiederholen Sie die Dehnung mehrere Male, und versetzen Sie dabei die Hände im Becken- und Schulterbereich so, daß Sie auch seitlich und diagonal dehnen. Achten Sie darauf, daß Sie nicht abrutschen.

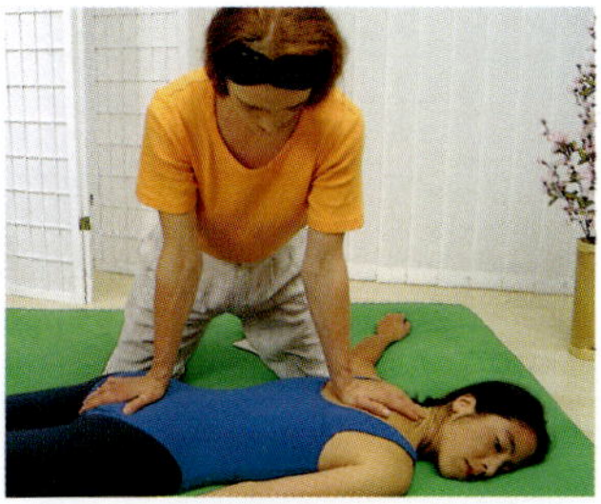

Mit den Händen Druck ausüben: Auf der Mittellinie ...

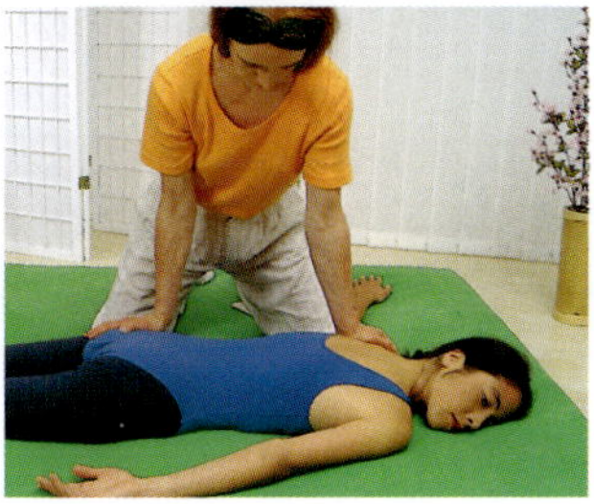

... seitlich und diagonal

Handballendrucktechnik am Kreuzbein

Üben Sie nun mit den Handballen links und rechts der Mittellinie Druck auf die Kreuzbeinregion aus (siehe S. 44). Ein kräftiger Druck kann bei Schmerzen sehr erleichternd sein.

Daumendrucktechnik am Kreuzbein

Mit den Daumen üben Sie anschließend Druck auf die Kreuzbeinlöcher aus (siehe S. 43).

„Kreuzbein zusammenschieben"

Falten Sie nun Ihre Hände. Legen Sie die gefalteten Hände auf das Kreuzbein, und schieben Sie die Handballen zusammen (siehe S. 45).

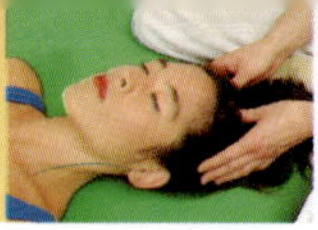

Kreuzbein reiben

Kräftiges Reiben erzeugt ein angenehmes Wärmegefühl

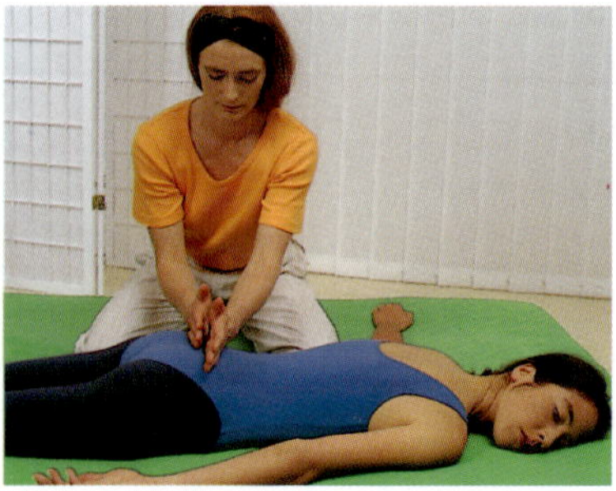

Reiben Sie mit den Handkanten auf dem Kreuzbein kräftig und mit etwas Druck die Handflächen gegeneinander. Dies verschafft ein sehr angenehmes Wärmegefühl im Beckenbereich.

An den Beinen ziehen

Begeben Sie sich zum Fußende Ihrer Partnerin in die Hocke, umfassen Sie beide Füße in Höhe der Knöchel und üben Sie einen sanften Zug an beiden Beinen aus, indem Sie Ihr Körpergewicht nach hinten verlagern (siehe S. 49).

Auf den Fußsohlen wandern

Vorsichtig auf den Fußsohlen „gehen"

Entfernen Sie die Rolle unter den Knöcheln Ihrer Partnerin, und legen Sie ihre Fußspitzen zueinander. Wenden Sie ihr nun den Rücken zu, und stellen Sie sich mit den Fersen auf die Fußsohlen Ihrer Partnerin. Ihre eigenen Fußspitzen zeigen nach außen. Wandern Sie auf den Fußsohlen entlang, sparen Sie die Zehen dabei aus. Diese Technik darf Ihrer Partnerin keinesfalls weh tun oder unangenehm sein, seien Sie also sehr sanft und vorsichtig. Bleiben Sie zum Abschluß noch einen Moment auf den Fußsohlen stehen.

Für die folgenden Massagetechniken begibt Ihre Partnerin sich in die Rückenlage (Lagerung siehe S. 24).

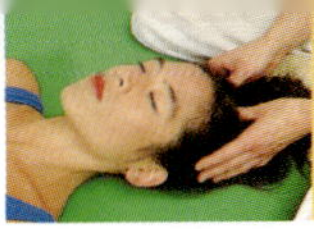

Beine kreisen und Kreuzbein lockern

Nehmen Sie die gebeugten Beine der Partnerin zwischen Ihre Knie, halten Sie sie außen an den Knien fest und führen Sie kreisende Bewegungen mit den Beinen durch. Die verspannte Kreuzbeinregion wird so sanft massiert und mobilisiert.

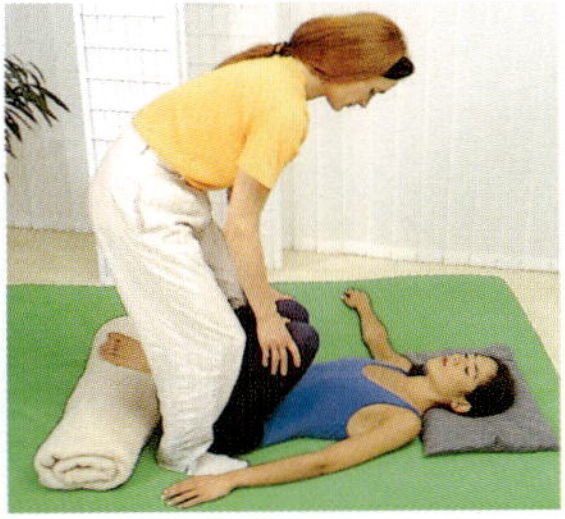

Kreisende Bewegungen mit den Beinen

Oberschenkel dehnen und Punktmassage am Unterschenkel

Aus der gleichen Ausgangsstellung können Sie in verschiedenen Positionen die Oberschenkel dehnen und das Becken entspannen. Beugen Sie zuerst beide Beine Ihrer Partnerin stärker an, und verharren Sie einen Moment in dieser Position.

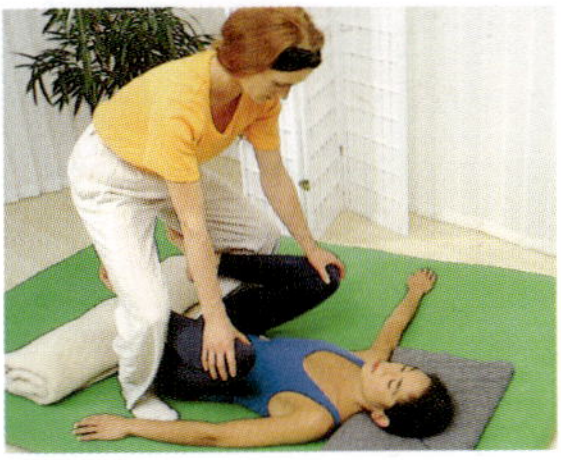

Legen Sie anschließend ein Bein gestreckt ab, beugen Sie das andere und stellen Sie dabei den Fuß auf Ihren Oberschenkel. Führen Sie das Knie nun kopfwärts, und üben Sie gleichzeitig mit den Daumen Druck auf die Punkte „Milz-Pankreas 6“ und „Magen 36“ aus.

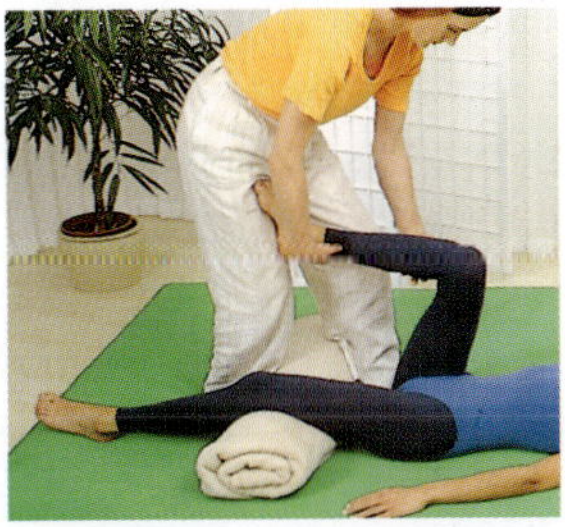

Gleichzeitig dehnen, „Milz-Pankreas 6“ und „Magen 36“ drücken

Den Punkt „Magen 36“ finden Sie vier Fingerbreit unterhalb der Kniescheibe am äußeren Rand des Schienbeinknochens (siehe auch S. 75), den Punkt „Milz-Pankreas 6“ vier Fingerbreit oberhalb des Fuß-Innenknöchels (siehe auch S. 76).

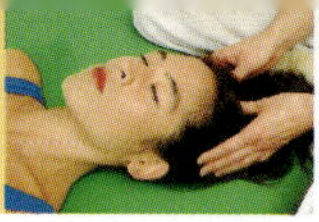

Fußgelenk kreisen

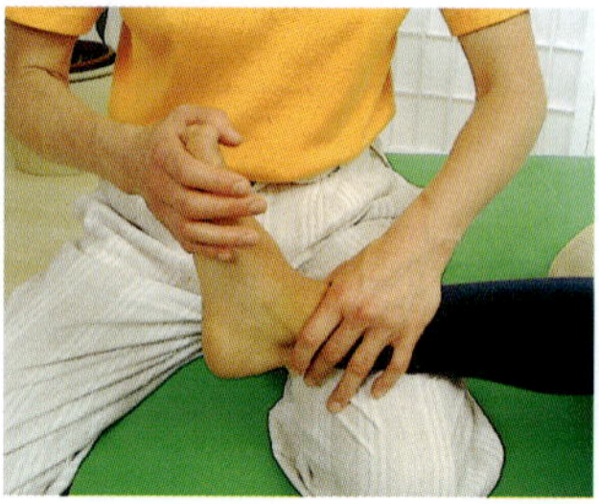

Strecken Sie das gebeugte Bein, begeben Sie sich in den Fersensitz, und legen Sie das Bein auf Ihrem Oberschenkel ab. Fassen Sie mit einer Hand den Unterschenkel, mit der anderen den Fuß, und kreisen Sie nun das Fußgelenk.

Punktmassage auf dem Fußrücken

„Leber 2" und „Leber 3" drücken

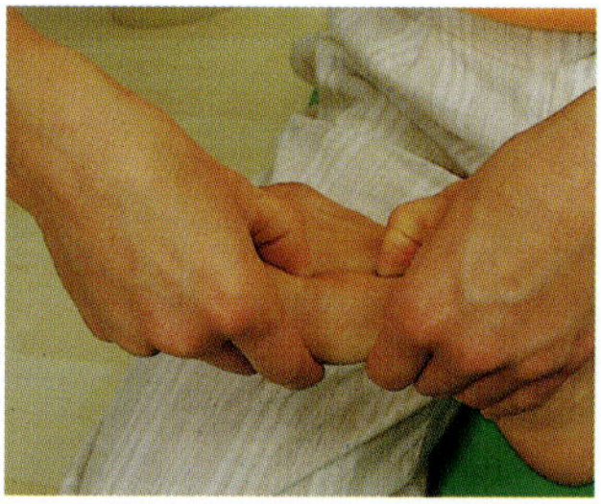

Suchen Sie die Druckpunkte „Leber 2" und „Leber 3" zwischen dem ersten und zweiten Mittelfußknochen auf (siehe auch S. 76). Mit sanftem Daumendruck pressen Sie beide Punkte gleichzeitig.

Ziehen Sie zwischendurch noch einmal beide Beine lang: Umschließen Sie mit Ihren Händen die Knöchel Ihrer Partnerin, und üben Sie einen leichten Zug aus (siehe auch S. 49). Führen Sie danach die Dehnung, das Kreisen des Fußgelenks und die Punktmassage am anderen Bein durch, und ziehen Sie anschließend noch einmal beide Beine lang.

Ellenbogendrucktechnik auf der Fußsohle

Vorsichtig aufstützen

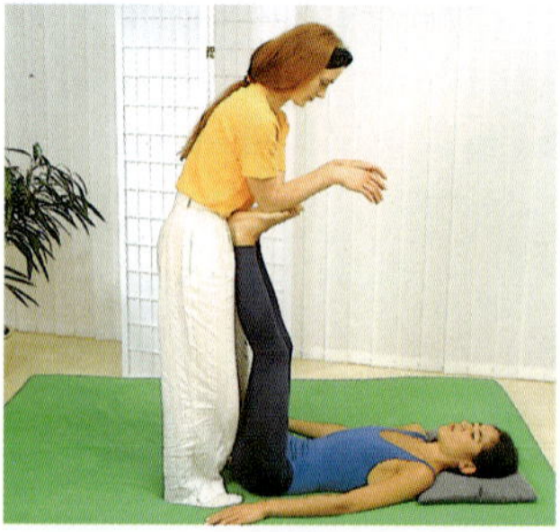

Bringen Sie die Beine Ihrer Partnerin jetzt langgestreckt in die Senkrechte und lehnen Sie sie an Ihren Körper an. Stützen Sie sich mit Ihren etwa rechtwinklig gebeugten Ellenbogen auf die vorderen Fußsohlen und geben Sie Gewicht ab.

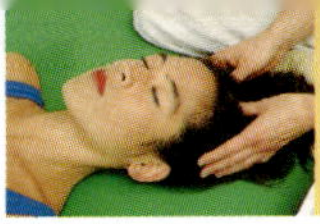

Legen Sie die Beine anschließend wieder vorsichtig ab, halten Sie sie dabei an den Kniekehlen. Legen Sie zum Abschied die Hände auf die Fußrücken Ihrer Partnerin.

Leitfaden Massage bei Menstruationsbeschwerden
- Beckenschaukel
- Dehnung des Rückens
- Handballendrucktechnik am Kreuzbein
- Daumendrucktechnik am Kreuzbein
- Kreuzbein zusammenschieben
- Kreuzbein reiben
- An den Beinen ziehen
- Auf den Fußsohlen wandern
- Beine kreisen und Kreuzbein lockern
- Oberschenkel dehnen und Punktmassage am Unterschenkel
- Fußgelenk kreisen
- Punktmassage auf dem Fußrücken
- Ellenbogendrucktechnik auf der Fußsohle
- Hände auf die Fußrücken legen

Selbstmassage bei Menstruationsbeschwerden

38:15

Bei Menstruationsbeschwerden können Sie sich auch selbst durch die gezielte Massage verschiedener Druckpunkte Erleichterung verschaffen.
Begeben Sie sich in eine bequeme Sitzposition, möglichst auf dem Fußboden. Zur Polsterung können Sie sich auf ein Kissen setzen.

Punkt „Magen 36" massieren
Stellen Sie die Füße auf. Suchen Sie beiderseits am äußeren Rand des Schienbeins den Punkt „Magen 36" auf (siehe S. 73), und drücken Sie die Punkte mit Ihren Daumen.

„Magen 36" drücken

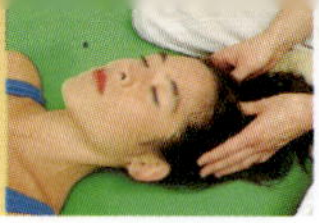

Punkt „Milz-Pankreas 6“ massieren

„Milz-Pankreas 6“ liegt eine Handbreit über dem Fußknöchel

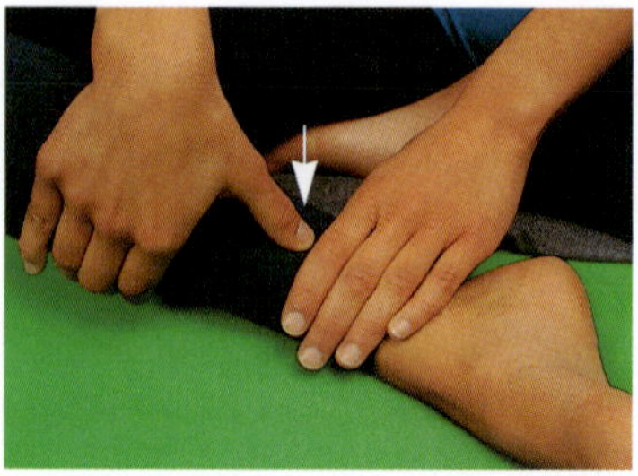

Legen Sie die Fußsohlen aneinander. Lokalisieren Sie den Punkt „Milz-Pankreas 6“. Legen Sie dafür den kleinen Finger einer Hand mittig auf den Innenknöchel des gegenüberliegenden Fußes. Der Punkt befindet sich nun neben dem Zeigefinger Ihrer Hand an der hinteren Schienbeinkante (siehe auch S. 73). Massieren Sie diesen Punkt auf beiden Beinen durch Drücken mit dem Daumen.

Punkte „Leber 2“ und „Leber 3“ massieren

„Leber 2“ und „Leber 3“ liegen auf dem Fußrücken

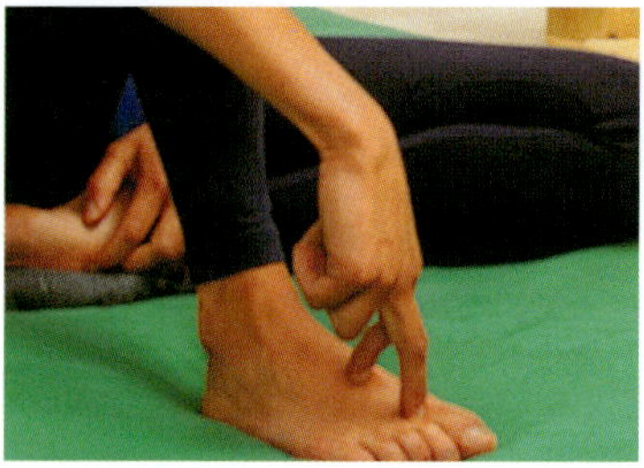

Die Punkte „Leber 2“ und „Leber 3“ finden sich auf dem Fußrücken zwischen den ersten beiden Mittelfußknochen . Drücken Sie mit Zeigefinger und Mittelfinger gleichzeitig beide Punkte.

Leitfaden Selbstmassage bei Menstruationsbeschwerden

- Punkt „Magen 36“ massieren
- Punkt „Milz-Pankreas 6“ massieren
- Punkte „Leber 2“ und „Leber 3“ massieren

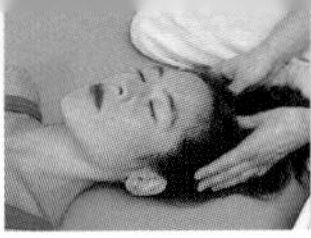

Shiatsu intensiver lernen

Sie haben nun einen ersten Eindruck von den geistigen Grundlagen von Shiatsu erhalten und einige Anwendungsmöglichkeiten kennengelernt. Ein großer Vorteil von Shiatsu ist es, daß die einfachen Grundtechniken von Laien schnell erlernbar sind. Auch Sie werden anhand dieses Buchs und des Videos hoffentlich erste wohltuende Erfahrungen mit dieser Massage gemacht haben.

Shiatsu ist aber auch eine umfassende Heil- und Behandlungsmethode, deren zielgerichteter Einsatz gegen Beschwerden und Befindlichkeitsstörungen weitreichendere Kenntnisse voraussetzt, als sie Ihnen hier vermittelt werden können. Wenn Sie nach dieser Einführung das Gefühl haben, daß Shiatsu zu Ihnen paßt und Sie tiefer in diese Materie einsteigen möchten, ist der Besuch eines Kurses in Shiatsu empfehlenswert. Beachten Sie bitte: Ein gezielter Einsatz von Shiatsu als heilende Behandlung setzt eine persönliche und ausführliche Anleitung durch erfahrene Shiatsu-Lehrer voraus.

Shiatsu als Heilmethode lernen

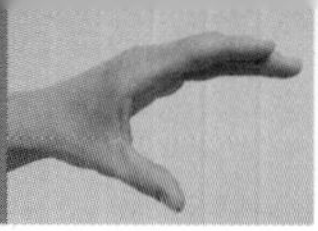

Anhang

Bücher zum Thema

Masunaga, S.; Ohashi, W.: Das große Buch der Heilung durch Shiatsu. Bern, 1996.
Ohashi, W.: Shiatsu. Die japanische Fingerdrucktherapie. Freiburg, 1992.
Thompson, Gerry: Handbuch Shiatsu. München, 1996.

Weitere sehBücher aus der Wellness-Reihe
Cernaj, Ingeborg: Wasser – Quelle der Gesundheit. Köln, 1998.
Cernaj, Ingeborg; Kolster, Bernard C.: Balance – streßfrei und entspannt in Minuten. Köln, 1998.
Kolster, Bernard C.: Fußreflexzonenmassage. Köln, 1998.
Kolster, Bernard C.: Partnermassage. Köln, 1998.
Kolster, Bernard C.; Frank, Astrid: Gutes für jeden Rücken. Köln, 1998.

Über den Autor:

Dr. med. Bernard C. Kolster ist Arzt und Physiotherapeut. Er beschäftigt sich seit vielen Jahren mit den Themen physikalische Medizin, Rehabilitationsverfahren nach schweren Erkrankungen und Operationen, östliche Medizin und Naturheilverfahren. In den letzten Jahren hat Dr. Kolster mehrere Bücher und Filme in diesen Bereichen veröffentlicht, die sich sowohl an Fachpersonen als auch an interessierte Laien richten.

Sachregister